Serge Kahili King
Huna

Dank

Besonderer Dank an meinen lieben Freund Alf Lüchow, der mich immer wieder ermutigte, dieses Buch zu schreiben.
Dank an Olivia Baerend, meine beharrlich-geduldige und hilfreiche Lektorin. Dank auch an meinen langjährigen Freund und treuen Literaturagenten John White.

Serge Kahili King

Huna

Der hawaiianische Weg zu einem erfüllten Leben

Aus dem Amerikanischen
von Wulfing von Rohr

Lüchow

Deutsche Erstausgabe

Lüchow Verlag
in der Verlag Kreuz GmbH
Postfach 80 06 69, 70506 Stuttgart

Originaltitel: Hawaiian Secrets of Success

Umschlaggestaltung: Nies-Lamott Design, Illingen
Umschlagbild: ZEFA / David Noton
Satz: Rund ums Buch – Rudi Kern, Kirchheim / Teck
Druck und Bindung: Clausen & Bosse, Leck
Printed in Germany

ISBN 978-3-7831-9027-4

www.luechow-verlag.de

Inhalt

'Ike 'ia e ka nui manu
Von vielen Vögeln geachtet

Widmung

Dieses Buch ist den Teilnehmern und Teilnehmerinnen meiner Workshops gewidmet, die mir halfen, die hier vorgestellten Konzepte deutlich zu formulieren und weiterzuentwickeln.

1. Träume in Taten verwandeln

'Eu kolea i kona puapua; 'eu ke kanaka i kona hanu
Ein Wasserläufer bewegt sich mit Hilfe seines Rückstoßes, ein Mensch bewegt sich mit Hilfe seines Atems; deine Kraft zu handeln kommt aus dir selbst.

Dieses Buch ist voller praktischer Ideen und Techniken, um deine Träume wahr werden zu lassen. Es baut auf der Huna-Weisheit auf, damit du deine geistigen, körperlichen und spirituellen Kräfte stärken kannst.

Huna ist eine sehr alte, pragmatische Philosophie, die aus einer ungewöhnlich genauen Beobachtung des Lebens erwuchs. Polynesische Meister, auch Kahunas genannt, haben dieses spezielle Wissen gesammelt.

Die Huna-Weisheit lässt sich auf alles anwenden. Besonders gut geeignet scheint sie jedoch, um Ziele zu erreichen, Erfolg zu haben und um Träume in tatsächliche Handlungen zu verwandeln.

Das Wesen der polynesischen Sprache und ihrer Denkweise hat den alten Meistern gestattet, diese Philosophie in sieben Prinzipien klarer und tiefer Einsicht zusammenzufassen.

'IKE ist der hawaiianische Begriff für das erste Prinzip, den man übersetzen könnte mit »Die Welt ist das, wofür du sie hältst«. In Bezug auf Erfolg bedeutet das: wenn du etwas manifestieren möchtest, ist Glaube bzw. Vertrauen der wichtigste Faktor. Damit sind nicht bloßes Wünschen oder eine intellektuelle Ansicht gemeint, sondern tief verwurzeltes, felsenfestes Wissen, das nicht in Frage gestellt wird. Alles weniger wird geringere Ergebnisse zeitigen. Das ist der Grund, warum so viele Menschen gemischte Erfolge erzielen, wenn sie beginnen, einen Traum zu verwirklichen.

KALA ist das zweite Prinzip. Es besagt »Es gibt keine Grenzen.« Das ist eine Erinnerung daran, dass das Universum unendlich ist. Damit wird alles möglich, wenn du herausfindest, wie du es anstellst. Und alles, was du tust, beeinflusst – eben weil es keine Grenzen gibt – auch die Welt um dich herum. KALA bedeutet auch Vergeben, Loslassen oder Befreien. Das weist hin auf die Wichtigkeit, Schuldgefühle, Verstimmungen und Spannungen zu lösen und zu beseitigen, die sich dem freien Fluss der Energie auf dein Ziel hin entgegenstellen.

MAKIA heißt: »Energie fließt dorthin, wohin die Aufmerksamkeit geht.« Das, dem du deine Aufmerksamkeit widmest, wird von dir angezogen. Je konzentrierter deine Aufmerksamkeit darauf gerichtet wird, desto stärker ist die Anziehung. Das Problem dabei ist, dass sich die Anziehung einstellt, gleich, ob deine Aufmerksamkeit positiv oder negativ ist. Dieses Prinzip hat eine praktische Bedeutung in Bezug auf etwas, was viele Leute als extrem betrachten: du musst deinen Traum definieren und deine Ziele deutlich machen.

MANAWA sagt aus: »Jetzt ist der Augenblick der Kraft.« Wenn du dich an frühere Unzulänglichkeiten erinnerst, wird dich das entweder davon abhalten, vorwärts zu gehen oder es wird das Verhaltensmuster verstärken, das zu diesen Unzulänglichkeiten geführt hat. Wenn du dir über ein mögliches Versagen in der Zukunft Sorgen machst, wird dich das entweder ebenfalls davon abhalten, vorwärts zu gehen oder jene Muster verstärken, die erst zum Fehlschlag führen. Träume manifestieren kannst du nur im Hier und Jetzt.

ALOHA meint, »Lieben heißt, glücklich mit dem zu sein, was du hast.« In Bezug auf die Verwirklichung bedeutet es zweierlei. Erstens: je mehr du mit dem in Frieden bist, was du jetzt hast, desto leichter wird es, gerade das zu verändern. Zweitens: je mehr du deinen Traum liebst, desto mehr regt er dich an und desto leichter fällt es dir, ihn wahr zu machen. Viele Menschen haben Träume, die aus Angst geboren sind. Sie wollen Wohlstand manifestieren, weil sie Angst vor Armut haben, oder sie streben Frieden an, weil sie sich vor Krieg fürchten. Dieses fünfte Prinzip weist darauf hin, dass die beste Methode, Wohlstand zu erreichen darin besteht, Wohlstand zu lieben, und die beste Methode, Frieden zu verwirklichen darin besteht, Frieden zu lieben.

MANA ist das sechste Prinzip. Übersetzt heißt es »Alle Kraft kommt aus dem Inneren.« Das heißt, dass es keine Macht außerhalb unserer selbst gibt. Es gibt keine Person, kein Wesen, kein Ding und keinen Umstand, die irgendeine Macht über uns besitzen. Aufgrund unserer eigenen Entscheidungen und Glaubensmuster können wir uns so verhalten, als ob andere mehr Macht über unser Leben hätten als wir selbst – aber die Kraft zu solchen Entscheidungen kommt auch von innen! Gott (oder das Universum, oder Unendliche Intelligenz, oder welchen Namen du auch vorziehst) handelt nicht über uns hinweg, sondern durch uns hindurch. Dieses Prinzip sagt aus: Wenn du einen Traum hast, hast du auch die Kraft, ihn zu verwirklichen. Es steht selbstverständlich auch in deiner Macht, die Verwirklichung schwierig zu machen.

PONO, das letzte Prinzip, besagt: »Wirksamkeit ist das Maß der Wahrheit.« Es kommt darauf an, was funktioniert, und die Mittel bestimmen dabei das Ziel. Falls du mit der Verwirklichung deines Traums fröhliche und freudvolle Ergebnisse erzielen möchtest, musst du fröhliche und freudvolle Methoden anwenden. Die spezielle Methode kann jedoch beliebig sein, es kann alles sein, was funktioniert. In der Huna-Weisheit benutzen wir viele Mittel und Techniken aus vielen Quellen, weil es sich bei Huna um ein System von Ideen handelt, aber nicht um ein System von Methoden und Techniken. Wenn es funktioniert, ist es Huna. Dieses siebente Prinzip sagt auch aus, dass du – wenn eine Methode nicht funktioniert – eine andere gebrauchen sollst. Wenn ein Plan nicht zum Ziel führt, dann verändere ihn. Solange die Mittel, die du benutzt, der Wirkung entsprechen, die du erreichen möchtest, kommt es nur auf dieses Endziel an und nicht auf eine bestimmte Technik oder einen besonderen Plan.

Macht und Sinn

In diesem Buch werde ich viel über Macht oder Kraft sprechen, und deshalb möchte ich dieses wichtige Konzept erst einmal genauer erklären. Das Wesen, die Essenz von Kraft bzw. Macht ist Einfluss. Es geht dabei um das, was dich in die Lage versetzt, mit dem, was du tust, wirksam zu sein, die beabsichtigten Ergebnisse zu erzielen, andere zu bewegen, dir zu helfen. Und es ist das, was die Kraft von anderen beeinflusst, auch wenn das unabsichtlich geschieht.

Alles besitzt sowohl aktive als auch passive Aspekte von Macht. Eine Blume hat die aktive Kraft zu wachsen, zu blühen und sich fortzupflanzen. Sie trägt vielleicht auch die passive Kraft in sich, einer Biene Nahrung zu geben oder einem Menschen Freude zu bescheren. Das verstärkt wiederum ihre aktive Kraft, zu wachsen und sich fortzupflanzen. Ein Mensch hat die aktive Fähigkeit, eine bestimmte Aufgabe zu erfüllen. Er bzw. sie besitzt aber vielleicht auch die passive Kraft, andere Menschen durch diese Leistung zu inspirieren.

Es gibt verschiedene Arten von Kraft oder Macht:

1. Die Kraft von Energie (zum Beispiel in den Elementen, in Stärke, in Emotionen oder in Schwingungen).

2. Die Macht der Gunst (die Fähigkeit, etwas zu geben oder zu verweigern, zum Beispiel Geld, Rang, Prestige, Zuneigung, Bestrafung, Schutz, Genuss, usf.).
3. Die Macht der Einschüchterung (also die Androhung oder Ausübung von Gewalt oder Verlust, usf.).
4. Die Kraft des Wissens (wie sie sich in Fertigkeiten ausdrückt, in Information oder Weisheit).
5. Die Macht der Autorität (zum Beispiel Selbstvertrauen oder das Vertrauen, Zugang zu einer anderen Kraft zu besitzen).
6. Die Kraft der Konzentration (wie bei Entscheidungen, in Entschlossenheit, bei Motivation und Sehnsucht).
7. Die Macht von Überzeugungen bzw. Glauben (zum Beispiel bei Annahmen, Einstellungen und Erwartungen).

Persönliche Macht ist die Kraft, das eigene Leben zu dirigieren und Verantwortung für das zu übernehmen, was du dadurch bewirkst. Jeder setzt in einem bestimmten Maß persönliche Macht ein, und die meisten von uns akzeptieren die Verantwortung, wenn das klappt, was wir anstreben. Relativ wenige Menschen sind jedoch bereit, Verantwortung auch dann zu übernehmen, wenn nicht funktioniert, was sie sich vorgenommen haben. Und relativ viele Menschen ziehen es vor, die Autorität, ihr Leben zu führen, jemandem anderen zu übertragen.

Der Ruf »Kümmere dich um mich« scheint populärer zu sein als der Schrei »Hilf mir, mich um mich selber zu kümmern.« Man hört »Das ist nicht meine Schuld« häufiger als »Ich werde an mir arbeiten.«

Persönliche Kraft wirkt nicht nur auf das Individuum ein, sondern kann auch gesellschaftliche und wirtschaftliche Folgen bringen. Mir wurde eine Geschichte berichtet, die sich ereignete, als sich die ersten Beziehungen zwischen den USA und dem kommunistischen China zu entwickeln begannen.

Als eine Form des Kulturaustausches hatten die USA ein Tischtennisteam nach China zu einem Wettbewerb geschickt. Während einer Pause sprachen die Teams mit der Hilfe eines Übersetzers über das Leben in ihren beiden Ländern. Ein Amerikaner erwähnte eine Statistik, dass der Durchschnittsamerikaner alle zwei Jahre umzieht. Ein Chinese fragte, ob die Amerikaner sauer auf ihre Regierung wären, die sie so häufig zum Umzug zwingt. Als die Antwort kam, dass die Amerikaner immer dann und immer dorthin umziehen, wann und wo sie möchten, rief der Chinese ungläubig aus »Wie könnt ihr denn eure Wirtschaft im Griff haben, wenn jeder einfach umzieht, wenn er das will?«

Manchen Leuten fällt es schwer zu begreifen, dass jene Nation das mächtigste, also das einflussreichste, erfolgreichste, wohlhabendste und mitfühlendste Land sein wird, dessen Bürger die größte Freiheit besitzen, ihre eigenen Entscheidungen zu treffen.

Macht ist jedoch ohne Sinn und Zweck bedeutungslos; andererseits kann kein Sinn oder Zweck ohne Macht bzw. Kraft erreicht werden. Je größer das Ziel, desto größer ist die erforderliche Kraft, es zu erreichen. Anders herum funktioniert das jedoch nicht! Du kannst nicht erst einmal ungeheure Macht ansammeln, und dich dann daran machen, sie für ein großes Ziel einzusetzen. Der Sinn und Zweck verstärkt und erweitert die Kräfte.

Es ist nur allzu natürlich, Macht zur unmittelbaren Zufriedenheit anzuwenden. Wir tun das immer, wenn wir etwas unternehmen, um unser Wohlbefinden zu vergrößern, oder unsere Freude oder unsere Effizienz. Einkaufen gehen ist ein Ausdruck persönlicher Macht; Autofahren genauso, zu spielen oder sich zu lieben – aber das Maß an Einfluss bleibt dabei relativ klein, und deshalb auch die Ebene von Macht.

Wenn wir andere mit in den Ausdruck unserer persönlichen Macht einbeziehen, indem wir ihnen helfen, ihren Einfluss auszuweiten, so wächst unsere eigene Kraft dabei. Alle bedeutenden religiösen, politischen, militärischen, ökonomischen und sozialen Führer haben sich dieser Idee bedient, bewusst oder unbewusst. Den meisten von ihnen sind dabei auch zwei Hauptprobleme begegnet, die auf einem Missverständnis von Macht beruhen.

Das erste Problem ist die falsche Assoziation von Macht bzw. Kräften mit Kontrolle bzw. Beherrschung. Dieser Irrtum ist weit verbreitet und gleichzeitig der Hauptgrund, warum viele Menschen vor dem gesamten Konzept von Macht zurückschrecken. Kontrolle ist jedoch in Wirklichkeit nur eine Technik, und keine sehr gute, um Einfluss geltend zu machen. Kontrolle macht es erforderlich, dass die Androhung von Bestrafung oder tatsächliche Bestrafung wirksam wird, und die Reaktion darauf ist immer Angst und Wut. Deshalb verursacht der Einsatz von Kontrollmechanismen einen natürlichen Widerstand gegen sie. Scheinbar funktioniert eine Kontrolltechnik vielleicht, in einer Familie oder in einem Polizeistaat, aber der Widerstand gegen sie arbeitet unter der Oberfläche ständig dafür, sie aufzuheben. Sogar, wenn eine Situation viele Jahre lang besteht, wird sie nur magere Ergebnisse in Bezug auf die angestrebten Ziele vorweisen können. Darüber werde ich noch sehr viel mehr sagen.

Das zweite Problem besteht darin, Macht gegen etwas zu benutzen. Wenn man Einfluss ausübt, führt das natürlich zu Veränderung. Das Universum hat jedoch einen eingebauten Widerstand gegen Veränderung, der ihm hilft, nicht in Chaos zu verfallen. Im gesamten Sein können wir ein ständiges Wechselspiel beobachten zwischen den Kräften der Veränderung und dem Widerstand gegen diese Kräfte. Wir bemerken auch laufend Versuche, den Widerstand zu verringern, um

Veränderung zu erleichtern. Das sehen wir beim Weg, den geschmolzene Lava nimmt, in der Form von Regentropfen oder Palmwedeln, der Stärke eines Elefanten, der Stromlinienform eines Flugzeugs und der Veränderung von Formen der Lebensführung.

Sehr selten nur stellen wir fest, dass Macht beharrlich und zielgerichtet eingesetzt wird, um etwas loszuwerden, außer unter Menschen. Manche Menschen geben sich nicht damit zufrieden, ihr eigenes religiöses oder politisches System zu entwickeln. Sie müssen ihr System zum einzigen machen, indem sie andere Systeme zerstören. Manche Menschen stellen sich keinem Wettbewerb; sie wollen die Konkurrenz eliminieren. Manche Menschen wollen Krebs nicht kurieren oder das Drogenproblem heilen; sie wollen diese Dinge einfach nur bekämpfen. Der Einsatz von Macht, um eine andere Kraft absichtlich zu bekämpfen, zu unterwerfen oder zu zerstören, verursacht ungeheuren Stress, der beider Wirksamkeit reduziert.

»Macht über« und »Macht gegen« sind wenig wirksame Methoden, Macht zu verwenden. Eine viel effektivere Form ist »Macht, etwas zu tun«. Die erstgenannten Formen sind ihrer Natur nach destruktiv, während die letztgenannte Weise ihrem Wesen nach kreativ ist. Manchmal besteht der Unterschied nur in etwas so Subtilem wie einer Haltung oder Einstellung, aber die Wirkungen unterscheiden sich beträchtlich.

Zwei völlig unterschiedliche Einstellungen zum Heilen sind zum Beispiel die Betrachtung von Krankheit als Feind oder Verhaltensweise. Wenn man eine Krankheit wie Krebs als Feind ansieht, dann führt das zur Einstellung, dass man Krebs mit Krieg überziehen muss. Operation, Bestrahlung oder Chemie sind dann die Waffen, mit der man den Krieg meint gewinnen zu können. Zusätzlich wird bei einer solchen Einstellung jede andere Therapieform, die den Krebs nicht unterdrücken oder zerstören oder seine Hintergründe enthüllen kann, als bestenfalls unbedeutend abgetan, oder schlimmstenfalls sogar als Schwindel verunglimpft.

Wenn man andererseits Krebs jedoch als eine Verhaltensweise behandelt, oder als die Wirkung von Verhaltensmustern, führt das zu einem Denken, dass jede Behandlung, die das Verhalten des Körpers, des Geistes oder der Umwelt verändert, hilfreich und heilend sein könnte. Dabei könnte man sich durchaus auch solcher Therapieformen bedienen, die der Kriegseinstellung zu Krebs als »Waffen« gelten.

Der größte Unterschied besteht darin, dass die Betrachtung von Krebs als einem Feind weit mehr Widerstandsstress in Körper, Geist und Umwelt auslöst als eine Einstellung, die auf eine friedliche Veränderung des Verhaltens ausgerichtet ist.

Die Folge davon ist, dass natürlich bei der letztgenannten Einstellung mehr der Kräfte, die zur Heilung eingesetzt werden, tatsächlich für die Heilung wirken und weniger dafür benutzt werden, Widerstände zu überwinden. Das ist einfach ein Aspekt der Physik von Energie.

In der Natur sehen wir eine Fülle von Beispielen wie Steine, Pflanzen und Tiere, die den Weg des geringsten Widerstands gehen. Wir stellen das auch unter Menschen fest, allerdings direkt neben etwas, was nach dem Weg des größten Widerstands aussieht. Der Weg des geringsten Widerstands ist jedoch vielleicht derart offensichtlich, dass es einer radikalen Veränderung in der Einstellung bedarf, um ihn zu erkennen. Ein Grashalm hat offensichtlich die Macht, durch Beton zu stoßen, und gleichzeitig besitzt er ganz deutlich nicht die Stärke, um diese Leistung zu vollbringen. Vielleicht durchbricht er aber den Beton ja gar nicht. Vielleicht bedient sich der Halm des Prinzips, dass die Energie der Aufmerksamkeit folgt und richtet all seine Aufmerksamkeit darauf, die Sonne zu erreichen und ignoriert dabei den Beton vollständig. Womöglich teilt sich der Beton angesichts einer solchen Liebe einfach, um den Grashalm hindurch zu lassen. Und vielleicht lässt sich dieselbe Idee auch auf unser menschliches Leben anwenden. Das heißt, dass vielleicht der Pfad der Liebe der Weg des geringsten Widerstands ist! Falls das stimmt, dann mag größere Macht und ein höherer Sinn darin liegen, dass wir unsere Aufmerksamkeit darauf gerichtet halten, was wir wollen, und nicht auf das, was wir nicht wollen. Weniger also auf Hass und Angst und weit mehr auf das, was wir als das höchste Gut wahrnehmen.

Die Huna-Ethik

Von Zeit zu Zeit werde ich über die ethischen Aspekte der Huna-Weisheit befragt, weil die Huna-Prinzipien zunächst einmal amoralisch erscheinen. Es stört manche Leute, dass keine klaren Richtlinien für das Verhalten angegeben werden, dass es keine »du solltest« oder »besser wäre es« gibt.

Wie es »geheimem Wissen« jedoch entspricht, ist die Ethik in den Prinzipien enthalten. Wenn du sie logisch anwendest, kannst du gar nicht anders als ethisch zu sein. Wir wollen die Prinzipien in diesem Licht und daraufhin einmal einzeln untersuchen.

Wenn du akzeptierst, dass die Welt das ist, wofür du sie hältst – bewusst und unbewusst – dann ist es doch nur sinnvoll, dass du daran arbeitest, deine Überzeugungen und Glaubensmuster zu verändern, um ein besseres Leben zu führen. Wir sprechen schließlich wirklich über dein subjektives Erleben der Welt und nicht über irgendeine fiktive objektive Welt. Ob du es magst oder nicht: die subjektive Realität ist alles, was du je erfahren wirst. Es ist faszinierend, sich in diesem Zusammenhang klar zu machen, dass deine subjektive Erfahrung dir selbst verdeutlicht, wie gut dein Denken ist. Das Leben wird in dem Maß gut sein, wie dein Denken gut ist. Du kannst dich nicht vor deinen Überzeugungen verstecken.

Wenn es keine Grenzen gibt, dann ist das Universum unendlich. Manche Wissenschaftler spekulieren gern über Mehrfach-Universen und sogar über Mehrfach-Unendlichkeiten, aber sie spielen nur mit Worten. »Universum« bezeichnet die ganze Sache, und »unendlich« bedeutet eben ... unendlich! Die Idee eines unendlichen Universums bedeutet, dass alles von ihm überall und jederzeit existiert – und das heißt, dass jedes einzelne Teil ebenfalls unendlich ist. Und das wiederum heißt, dass für dich selbst dasselbe gilt! Und diese Einsicht, weiterverfolgt, bedeutet, dass du dir ständig selbst begegnest, in der einen oder anderen Verkleidung. Es macht also Sinn, deinem Nachbarn gegenüber freundlich zu sein, weil dein Nachbar du selbst bist.

Zu sagen, dass die Energie dorthin fließt, wo die Aufmerksamkeit hingeht, bedeutet, dass die Aufmerksamkeit, wenn sie bewusst oder unbewusst aufrechterhalten wird, dem Objekt ihrer selbst Kraft gibt. Beschäftige dich mit Krankheit und Krankheit wird in deinem Leben zunehmen. Lass dich auf Glück ein, und du wirst noch mehr davon erhalten. Konzentriere dich auf den Mangel, und Mangel wird noch offensichtlicher werden. Richte dich auf Fülle aus, und die Fülle wird überfließen.

Wenn deine Ausrichtung, deine Aufmerksamkeit oder Konzentration, jedoch gemischt oder zerstreut sind, wirst du natürlich auch gemischte Resultate bekommen. Es braucht nicht allzu viel Intelligenz um festzustellen, dass es sich lohnt, die eigene Aufmerksamkeit bewusst zu beachten und zu lenken.

Wenn *jetzt* wirklich der Moment der Kraft ist, dann besteht in *jedem* Augenblick eine Chance, dein Leben zum Besseren zu wenden, was sowieso jeder versucht. In jedem Moment, der von Bindungen an die Vergangenheit oder an die Zukunft frei ist, kann sich Veränderung in einem einzigen Augenblick ereignen. Es ist höchst interessant, dass sich Geist und Körper ganz automatisch in Richtung Frieden und Glückseligkeit bewegen, wenn sie eine solche Chance haben – als ob die Ethik schon »eingebaut« wäre.

Wenn du Liebe als ein Verhalten verstehst, mit etwas oder jemandem glücklich zu sein, das bzw. der jetzt da ist, dann wird es zu einer praktischen Sache, deine Liebe zu vergrößern, wenn du glücklich sein möchtest. Die alten Weisen, die diese Ideen entwickelt haben, stellten die merkwürdige Tatsache fest, dass das Glück sich weiter vermehrt, wenn Glück zunimmt – in dem Sinne, dass du Glück um dich herum verbreiten musst, um den Glücksfluss in Gang zu halten. Mit dieser Form von Glück ist nicht ein verrücktes, leichtsinniges, sorgloses, positives »Glückspflaster« gemeint. Das Wort *Aloha*, Liebe, aus dem sich das Prinzip ableitet, umfasst Barmherzigkeit, Mitgefühl, Gnade, Mildtätigkeit und all die anderen Dinge, die zum Begriff von Liebe gehören (irgendwelche schlechten Dinge gehören nicht dazu). In dem Maße, in dem du Liebe praktizierst, vergrößerst du Liebe und Glückseligkeit für alle Beteiligten.

Wenn alle Macht oder Kraft von innen kommt, eine Idee, die sich logisch aus dem zweiten Prinzip ergibt, dann geht alles auf dieselbe Quelle von Kraft zurück. Es macht jedoch einen Unterschied aus, auf welche Weise und mit welcher Fertigkeit diese Idee gelebt wird. Es gibt dabei einen Aspekt von Macht, den man oft übersieht. Macht ist die Fähigkeit, Kraft dazu zu verwenden, etwas anderes zu ermächtigen, zu bekräftigen und zu verstärken. Wasserkraft entsteht aus der Kraft des herunterfallenden Wassers, welche Maschinen antreibt, sie also »ermächtigt«, Strom zu erzeugen. Politische Macht erwächst aus der Kraft einer Gesellschaft, Einzelne zum Handeln zu beauftragen, sie also zu ermächtigen, Anweisungen zu erteilen oder Gesetze zu beschließen. Macht kennt keinen einzelnen Anfang oder Ende oder Quelle. Sie verändert laufend ihren Fokus. Je mehr Menschen sich ihrer Kraft bewusst werden zu ermächtigen, desto mehr werden sie dem natürlich sorgfältige Beachtung widmen.

Wenn Wirksamkeit als Maß für Wahrheit gilt, was in einigen Bereichen unseres Alltagslebens oft zutrifft und in anderen wiederum nicht, dann wird uns das »Feedback«, also die Rückmeldungen aufgrund unserer Erfahrungen leicht zu einer effektiveren Verhaltensweise führen. Diese Idee geht auf das hawaiianische Wort *Pono* zurück, das auch Güte, Gerechtigkeit und Angemessenheit bezeichnet. In der alten Kultur war damit das höchstmöglich Gute für die größtmögliche Anzahl von Wesen gemeint. Das wurde nicht durch willkürliche Regeln bestimmt, sondern durch die Wirklichkeit von Erfolgserlebnissen, Wohlstand, Gesundheit und Glück. In diesem Sinne betrachtet wird sich die Wahrhaftigkeit deiner Handlungen also in jenen Ergebnissen offenbaren, die alle Beteiligten erfahren.

In der Geschichte der Ethik gibt es, nach der Enzyklopädie von Funk und Wagnalls, »drei grundlegende Verhaltensstandards, die jeweils als das höchste Gut bezeichnet wurden: Glück oder Freude; Pflicht, Tugend oder Verpflichtung, und Vollkommenheit, die umfassendste harmonische Entwicklung des menschlichen Potenzials.« Zur Huna-Ethik gehören alle drei!

2. Der persönliche Erfolgsquotient

'O wai ana i ka po, i ke ao?
Wer misst die innere Welt, oder die äußere?

In diesem Kapitel beschäftigen wir uns mit einer Methode, mit der du feststellen kannst, wie erfolgreich du bist. Ich verwende dazu eine Formel, die ich aus dem Buch *Creating a Success Environment* (etwa: »Eine Erfolgsumgebung schaffen«) von Keith Degreen adaptiert habe. Diese Formel sagt dir nicht, wie erfolgreich du im Vergleich zu irgendwelchen anderen Menschen bist. Stattdessen hilft sie dir festzustellen, wie erfolgreich du in Beziehung zu dir selbst zu sein glaubst. Wir nennen das einen persönlichen Erfolgsquotienten. Wenn du magst, kannst du dir jetzt Papier und Schreibwerkzeug holen, und auch einen Taschenrechner (den brauchst du eigentlich nicht, aber sie sind ja so billig, also warum nicht?). Es wird dir helfen, wenn du jetzt jede Form von Mathematik-Phobie beiseite legst. Es geht ja nur um einige Buchstaben und Zahlen, die es dir leichter machen, dich selber zu analysieren.

Die Formel schaut so aus: **PEQ = (I × A × H × B) × K**

Dabei bedeuten:

- **PEQ** ist der persönliche Erfolgsquotient;
- **I** bezieht sich auf das Ich, also auf deine Gedanken, deine Gesundheit, deinen Körper, deine Gewohnheiten, deine Emotionen, deine Einstellungen und all diese Dinge, die dein eigenes, persönliches Selbst angehen;
- **B** sind andere Menschen und deine Beziehungen zu ihnen;

- **H** steht für Heim, für dein Zuhause und deine häusliche Umgebung;
- **A** bezieht sich auf deinen Beruf, auf deine Arbeit und deine Arbeitswelt;
- **K** bezeichnet das Maß an Kontrolle, das du in diesen Bereichen zu haben meinst.

Der nächste Schritt besteht darin, jedem dieser Bereiche eine Zahl zuzuordnen, so wie du sie einschätzt. Wir benutzen eine sehr einfache Skala von 1 bis 3:

1 heißt, dass du mit allem in diesem Bereich total unzufrieden bist.

2 bedeutet, dass du im Allgemeinen zufrieden bist, aber gern noch eine Verbesserung hättest.

3 soll sagen, dass du mit allem in diesem Bereich zufrieden bist.

Es ist ja offensichtlich, dass einige wenige Zahlen unmöglich all deine Gedanken und Gefühle über die verschiedenen Lebensbereiche beschreiben können. Nimm dir also die Freiheit, die Zahlen zu modifizieren, zu 1,2 oder 2,5 oder sogar 3,1. Es geht darum, diese Lebensbereiche Revue passieren zu lassen und sie so zu bewerten, wie du sie derzeit empfindest. Wenn du zum Beispiel findest, dass du bei ziemlich guter Gesundheit bist, aber noch einige schlechte Gewohnheiten hast, die du gern ablegen würdest, schreibst du vielleicht I = 2,0 oder 2,5. Wenn du meinst, dass deine Beziehungen zu Leuten richtig schrecklich sind, mit Ausnahme der Beziehung zu deiner Großmutter, schreibst du vielleicht A = 1,2. Und wenn du dich in Bezug auf deine häusliche Umgebung total wohl fühlst, notierst du für den Bereich H = 3,0.

Die ersten vier Faktoren

Wenn du den Ich-Faktor überlegst, dann stelle natürlich deine Gesundheit in Rechnung und deine Angewohnheiten, aber auch deine Fähigkeiten, dein Wissen, deine Bildung, und vor allem, was du von dir selber hältst. Ja, das ist wirklich eine ganze Menge, was in einen einzigen Faktor einfließt. Aber es geht ja darum, dass du einen allgemeinen Überblick gewinnst über deine Zufriedenheit oder Unzufriedenheit, und nicht am Ende mit einer ganzen Seite voller Zahlen dastehst.

Beim Beziehungs-Faktor denke an alle deine Beziehungen, einschließlich deiner Eltern, Geschwister, deine eigene Familie, falls du verheiratest bist oder in einer Zweierbeziehung mit oder ohne Kinder lebst, an deine Freunde, Menschen, die du kennst und mit denen du sprichst, die vielleicht keine direkten Freunde sind, und an Menschen, denen du in der Öffentlichkeit begegnest, wie Beamte, Verkäuferinnen und Taxifahrer. Wieder wählst du eine Zahl aus, die am besten die Gesamtheit deiner Beziehungen zu anderen Menschen spiegelt.

Der dritte Faktor, der sich auf dein Heim bezieht, bringt zum Ausdruck, wie du dich in deiner Wohnung fühlst, in deiner Umgebung und deiner Nachbarschaft, aber auch, wie du deine Einrichtung empfindest, die Ordnung und Sauberkeit im Haus, im Hof, falls es einen gibt, und sogar deine Aussicht.

Der Arbeitsfaktor beschreibt die Art deines Berufs, den Arbeitsplatz und sein Umfeld, die Ausrüstung, die du vielleicht bei der Arbeit benutzt, deine Stellung in der Firma und deine Aufstiegschancen, den wirtschaftlichen Zustand der Firma (gleich, ob es deine eigene oder eine fremde ist), deinen Chef sowie Kollegen und Angestellte, falls es die gibt. Auch hier entscheide dich für eine Zahl.

Bei allen vier Bereichen kannst du so viele Betrachtungen einfließen lassen, wie dir sinnvoll erscheint. Wenn du die Zahlen für die ersten vier Faktoren beisammen hast, nimm deinen Taschenrechner und multipliziere sie. Ein Beispiel: Wenn du in jedem Bereich 2,0 gewählt hast, dann ist das $2 \times 2 \times 2 \times 2 = 16$.

Der K-Faktor

Das ist also der Faktor der Kontrolle. Hast du je gedacht, dass du keine Kontrolle über dein Leben hast oder dass andere Leute zu viel Kontrolle über dich haben, über deine Gefühle, über die Dinge, die du tust oder lässt? Das drückt der Kontroll-Faktor aus. Du überlegst dir also nach deinem eigenen Maßstab, wie viel Kontrolle du in deinem Leben zu haben glaubst, oder auch, was du fühlst, wie viel du hast. Frage dich zum Beispiel, ob du denkst oder fühlst, dass andere Menschen dich die ganze Zeit glücklich machen oder traurig oder wütend oder irgendetwas anderes. Veranlassen dich andere Leute, Dinge zu tun, die du nicht tun willst? Hält Krankheit dich davon ab, das Leben zu genießen oder hindert dich dein Einkommen daran, dort zu leben, wo du es gern möchtest? Oder fühlst du vielleicht, dass du in irgendeinem Bereich deines Lebens vollständige Kontrolle hast?

Hier geht es also darum einzuschätzen, wie viel Kontrolle du über dein Leben zu haben denkst oder fühlst. Schau dir zunächst jeden der vier Bereiche einzeln an: deine Person, deine Beziehungen, dein Heim und deine Arbeit. Du überlegst dir, wie viel Kontrolle du in diesen vier Bereichen jeweils hast. Eine 3 bedeutet vollständige Kontrolle; eine 2, dass du manchmal Kontrolle hast und manchmal andere sie haben. Wenn du meinst, dass dich andere kontrollieren, ohne dass du dem ausdrücklich zugestimmt hast – zum Beispiel über das Gehalt, das dir gezahlt wird – dann ziehe auch das mit in Betracht. Eine 1 heißt, dass du in diesem Bereich keinerlei Kontrolle besitzt, dass du ganz von der Gnade anderer abhängig bist.

Was deine Person angeht: hast du deine Gefühle, deine Einstellungen, deine Gesundheit ganz in der eigenen Hand, oder mittelmäßig oder überhaupt nicht? Geh auf diese Weise auch die anderen Lebensbereiche durch. Bestimmst du deine Beziehungen? Entscheidest du frei in Bezug auf dein Heim? Bist du in deiner Arbeitswelt am Ruder? Bist du derjenige, der Entscheidungen trifft und Wirkungen produziert? Oder wird dein Verhalten von den Entscheidungen und dem Verhalten anderer bestimmt?

Wie zuvor kann es sein, dass du nicht ganz klar 1, 2 oder 3 hinschreiben kannst, sondern die Zahlen anpasst. Vielleicht fühlst du dich allein verantwortlich bei den meisten persönlichen Themen, aber nicht in Bezug auf deine Gesundheit, und schätzt das insgesamt als eine 2,5 ein. Du glaubst eventuell, dass du fast alle deine Beziehungen selbst bestimmst und schreibst eine 2,8 auf. Deine häusliche Umgebung ist vielleicht ganz in deiner eigenen Kontrolle und du vergibst eine 3,0. Am Arbeitsplatz fühlst du dich jedoch unter Umständen völlig hilflos, mit Ausnahme der Mittagspause, und findest, dass eine 1,2 das trifft. Es geht dabei um deine eigene Wahrnehmung und nicht um die Meinung von irgendwelchen anderen Menschen.

Am Schluss benutzt du deinen Taschenrechner, addierst die vier so gewonnenen Einzelzahlen für den Kontroll-Faktor, und teilst die Summe dann durch 4. Damit bekommst du eine Durchschnittszahl für den Kontrollfaktor für alle Bereiche, und das macht es einfacher, die Analyse fertigzustellen.

Die Endzahl

Du hast jetzt zwei Zahlen: die Zahl aus der Multiplikation der ersten vier Zahlen, und die Durchschnittszahl für den Kontrollfaktor. Multipliziere diese beiden Zahlen einfach miteinander. Diese Endzahl ist dein persönlicher Erfolgsquotient. Schreib ihn irgendwo auf. Es ist schön, eine solche Zahl zu haben, aber was bedeutet sie? Du wirst gleich herausfinden, wie diese Zahl dein Erfolgspotenzial beschreibt. Aber zuerst möchte ich eine Geschichte erzählen.

Es gab einmal ein ganz besonderes Pferd. Dieses Pferd gewann ein sehr berühmtes Rennen, das *Triple Crown* (dreifache Krone) genannt wird. In der Folge war das Pferd eine Million Dollar wert, zu einer Zeit, als das eine ungeheuer große Menge Geld darstellte. Damals war ein wirklich gutes Rennpferd – eines also, das mehr gewann als es verlor bzw. kostete – ungefähr hunderttausend Dollar wert. Das Pferd, das dieses berühmte Rennen gewann, war also zehn Mal so viel wert wie ein gutes anderes Rennpferd. Nach einer geradlinigen Logik sollte man meinen, dass dieses Pferd zehn Mal so schnell laufen konnte wie ein Pferd, das nur ein Zehntel wert war. Aber so funktioniert das nicht. Gleich, wie außergewöhnlich das Pferd auch war, konnte es weder zehn Mal so schnell laufen, noch fünf Mal so schnell noch auch nur doppelt so schnell. Die Geschwindigkeitsdifferenz betrug in Wahrheit nur ein Prozent. Ein einprozentiger Unterschied in der Laufgeschwindigkeit des Pferdes machte jedoch einen zehnfachen Unterschied in seinem Geldwert aus.

Ein anderes Beispiel: der Unterschied zwischen einem Menschen, der 100.000 Dollar im Jahr verdient und einem, der 10.000 Dollar verdient, besteht nicht darin, dass der erste zehn Mal härter arbeitet oder dass er zehn Mal intelligenter wäre. Der Unterschied beträgt oft nur ein einziges Prozent. Das stimmt wirklich! Jemand ist vielleicht zehn Mal reicher als ein anderer, weil er nur ein Prozent mehr Einsatz leistet oder Initiative zeigt, oder ein Prozent fähiger oder sonst was ist. Der Wert schnellt mit nur wenig mehr Einsatz enorm nach oben. Erfolg ist eine geometrische Progression, keine lineare.

Eine lineare Progression wäre ein Zusammenhang, in dem man zehn Mal besser sein müsste als jemand anderes, um zehn Mal mehr Gehalt zu bekommen. Eine geometrische Progression besteht, wenn ein nur recht geringer Unterschied eine große Folge nach sich zieht.

Zurück zur Auswertung. Bei dieser Analyse ist die höchstmögliche Punktzahl 243. Das würdest du erreichen, wenn du bei allen Variablen eine 3,0 eintragen könntest. Das wiederum würde voraussetzen, dass du in allen vier Lebensbereichen vollständig zufrieden bist und in allen ganz allein bestimmen könntest. Wenn du dieses Ergebnis erzielt hast, willst du vielleicht dein eigenes Buch schreiben.

Der durchschnittliche persönliche Erfolgsquotient ist 32. Zu diesem Resultat kommt man, wenn bei jedem der Faktoren eine 2,0 eingetragen wird. Das ist ein Durchschnitt, der sich nur auf dich bezieht, und deine Zahl hat nichts mit der Zahl einer anderen Person zu tun.

Der niedrigste Wert ist eine 1. Du müsstest überall eine 1,0 eintragen, um zu diesem Ergebnis zu gelangen. Das heißt realistisch gesprochen, dass du dich in jedem Bereich rundum elend fühlen würdest und als Opfer aller anderen in deiner Umwelt.

Du gibst dir vielleicht überall nur eine 1,0, und ein anderer Mensch schätzt sich überall mit 3,0 ein. Wenn man eure Leben objektiv betrachten könnte, würde sich jedoch vielleicht herausstellen, dass dein Leben in vielfacher Hinsicht besser als seines ist. Es handelt sich hier um eine sehr persönliche Bewertung, die nicht mit dem verglichen werden sollte, wie andere sich einschätzen.

Jetzt kommt ein interessanter Punkt: der Durchschnittswert von 32 liegt viel näher am niedrigsten möglichen Wert als am höchsten, der ja 243 beträgt. Das ist so aufgrund der geometrischen Natur dieser Formel. Das bedeutet aber auch, dass bereits eine kleine Veränderung dessen, was du tust, oder was dir möglich ist, zu einer höheren Einschätzung deines persönlichen Erfolgs führt, und zwar in sehr deutlichem Umfang, wegen des geometrischen Maßstabes.

Wie man den PEQ verwendet

Bis jetzt hast du lediglich eine Zahl, die darstellt, wie du über deine gegenwärtigen Lebensumstände denkst oder wie du sie empfindest. Um diese Zahl nützlicher zu machen, hilft es, sie in einen Beziehungsrahmen zu setzen. Das heißt einfach, dass du selbst eine willkürliche Messlatte von Zahlen aufstellst, mit denen du deine Einschätzung vergleichst, und sie benutzt, um deinen eigenen Fortschritt zu messen. Zum Beispiel könnten die Werte von 1 bis 8 als ein Zustand von Versagen bezeichnet werden (8 ergibt sich, wenn man 1,5 für alle Faktoren einsetzt und das ganze ein bisschen rundet). 9 bis 32 könnte als ein Entwicklungszustand gelten, weil du ja offensichtlich Fortschritte machst. Und alles darüber würde eine Ebene von Erfolg bedeuten, weil du über deinen eigenen Durchschnitt hinauskommst. Wenn du schließlich 243 erreichst, solltest du deine eigene Formel aufstellen.

Um eine genauere Selbsteinschätzung zu erlangen, kannst du die Bewertung über mehrere Tage hinweg durchführen, anstatt nur einmal und dann zu sagen, »Na ja, das bin ich also, hier stehe ich.« Denn das würde ja sowieso nicht stimmen. Wir alle erleben jeden Tag Veränderungen in Gefühlen und Einstellungen, und wenn wir gerade eine schöne Zeit mit jemandem verbracht haben, werden wir unsere Beziehungen natürlich entsprechend einschätzen. Unsere Gefühle über uns selbst und unser Leben hängen in beträchtlichem Umfang davon ab, ob gerade vergangene Ereignisse gut oder schlecht verlaufen sind. Unsere Wahrnehmung von Erfolg wird von unserem eigenen Glücksgefühl bestimmt, von unserem Gefühl davon, ob wir erfüllt sind oder nicht.

Aber du hast zumindest in diesem Augenblick gesehen, wie du dich selbst einschätzt, und das gibt dir eine Vorstellung, für wie groß du deinen Erfolg im Leben hältst. Und wenn dir dabei Dinge auffallen, die du schon einige Zeit lang spürst, ist das jetzt eine gute Gelegenheit, dich selber klarer zu sehen und dich zu entscheiden, ob du in bestimmten Bereichen Veränderungen vornehmen möchtest.

Nachdem wir den Gebrauch des Erfolgsquotienten besprochen haben, wollen wir uns das Thema der Kontrolle näher ansehen.

Noch mehr über den Kontroll-Faktor

Am Anfang habe ich erklärt, dass ich mit Kontrolle das Gefühl der Freiheit meine, eigene Entscheidungen für dich und über deine eigene Welt zu treffen. Das ganze Konzept von Kontrolle ist eines, das Menschen oft ganz unglücklich macht, weil sie nicht richtig verstehen, was Kontrolle in Bezug auf eigene Entscheidungen bedeutet. Allzu oft interpretieren Leute das Konzept von Kontrolle als einen Mechanismus, der die Menschen veranlasst das zu tun, was andere wollen, und Ereignisse zu beeinflussen, damit sie sich so ergeben, wie man selber das will. Leider kann eine solche Art der Ausübung von Kontrolle katastrophale Wirkungen für die körperliche und geistige Gesundheit dessen haben, der das versucht.

Ein Teil des Problems steckt im Begriff. Die Definition in Nachschlagewerken sagt etwas von »Zurückhaltung üben«

oder »Anleitung zum Handeln« und führt als Synonyme unter anderen »managen, regeln, regieren« auf. Nun kannst du ein Pferd »managen«, wenn du die Fertigkeit dafür besitzt; du kannst Menschen managen oder ihnen Regeln geben, wenn du sowohl die Fertigkeit als auch den Auftrag dazu hast; und du kannst Menschen regieren, wenn du die Fähigkeit und die Vollmacht oder Macht dazu in den Händen hältst. Aber gleich, wie viel Fertigkeiten, Autorität oder Macht du hast, wirst du Menschen nie dazu bringen, immer das zu tun, was du möchtest. Ereignisse kannst du vielleicht in einem bestimmten Maß beeinflussen. Falls du jedoch denkst, du könntest sie in jeder Hinsicht regieren oder sogar beherrschen, dann machst du dir nur etwas vor. Das Maß an Kontrolle, das wir über Menschen und Geschehnisse haben, ist sehr begrenzt.

Sehr viele Menschen haben Angst, die Kontrolle über Ereignisse, Lebensumstände und Leute zu verlieren – eine Kontrolle, die sie allerdings nie gehabt haben. Das beruht auf zwei Annahmen: eine ist die Annahme, dass Kontrolle notwendig sei; die andere ist, dass Kontrolle möglich sei.

Das Bedürfnis von Leuten, Dinge außerhalb ihrer wahren Kontrollreichweite beherrschen zu wollen, beruht auf Angst. Und anstatt nun reale Kontrolle auszuüben – was eigentlich nur managen, regieren oder regeln bedeutet – versuchen sie, emotionale Manipulation oder körperliche Gewalt anzuwenden. Wenn man das mit Menschen versucht, erzielt man eine bestimmte Wirkung in der gewünschten Richtung – wenn genügend Angst herrscht oder Gewalt ausgeübt wird -, aber man bewirkt immer auch eine gewisse Auflehnung und Widerstand, was das gewünschte Ergebnis vermindert.

Angst funktioniert natürlich nicht bei Geschehnissen oder Umständen, aber physische Gewalt kann eine gewisse Wirkung entfalten. Das Problem ist, dass du damit Widerstand auslöst, sogar bei leblosen Gegenständen. Reiße einen ganzen Wald ab, ohne irgendein Management und ohne Regeln, und du stehst am Ende mit einer Wüste da. Staue Druck in einem Boiler auf, ohne irgendein Ventil, und du erlebst irgendwann eine Explosion. Echte Kontrolle ist weder Manipulation noch Gewaltanwendung.

Wenn du versuchst, deinen Körper zu beherrschen – und nehmen wir einmal an, dass du Kontrolle mit Manipulation oder Gewaltanwendung verwechselt hast – wirst du am Ende nur noch Verspannungen erleben. Schuldgefühle, die man sich zuweist, und Ärger über sich selbst sind häufig benutzte Mittel, womit Menschen ihr Verhalten zu kontrollieren versuchen. Das führt im Ergebnis jedoch meistens zu körperlichem oder geistigem Verfall. Leute versuchen oft auch, ihre Gefühle und Gedanken dadurch zu kontrollieren, dass sie diese aus ihrer Wahrnehmung herausdrängen. Das führt aber zu Spannungen und zu denselben Nebenwirkungen wie Eigenmanipulation.

Echte Selbstkontrolle fühlt sich für manche an, als ob sie die Kontrolle aufgeben würden. Wahre Selbstkontrolle heißt jedoch nicht, deinen Körper und Geist auf eine Weise zu einem bestimmten Verhalten zu veranlassen, als ob du ein Sklaventreiber wärst. Echte Selbstkontrolle bedeutet, deinem Körper und Geist Anleitungen und Mittel zur Verfügung zu stellen, und sie das selbst tun zu lassen, was sie zu tun wissen.

Wahre Kontrolle von Menschen besteht nicht darin, dass du sie das tun lässt, was du möchtest. Echte Kontrolle heißt vielmehr, sie davon zu überzeugen, dass es in ihrem besten und positiven Interesse ist, das zu tun, was du möchtest, oder dem zumindest so nahe als möglich zu kommen.

Echte Kontrolle der Umwelt, zu Hause oder bei der Arbeit, hat vor allem mit Entscheidungen zu tun, die du triffst in Bezug auf das, was du möchtest und was du bereit bist, einzusetzen, um es zu erlangen.

In einem kürzlich gezeigten Film ficht der Held einen ungeheuren Kampf gegen einen bösen Gegner aus und er scheint dabei zu verlieren. Der Held kommt jedoch immer wieder auf die Füße, um noch weiter zu kämpfen. Am Schluss fragt ihn der Gegner, warum er denn weiterkämpfe – ob das vielleicht mit seinen Illusionen von Liebe, Macht, Angst und so fort zu tun habe. Der Held steht noch einmal auf und antwortet, »Ich tue es, weil ich mich dafür entschieden habe.«

Das ist die Essenz wahrer Kontrolle: dich selber managen, regeln und regieren. Nicht deinen Körper, und noch nicht einmal deine Gedanken oder Gefühle. Die wahre Kontrolle besteht darin, deine eigenen Entscheidungen zu treffen.

Anstatt eine Situation zu manipulieren oder zu versuchen, sie mit Gewalt zu verändern, gestattest du dir die Freiheit der Entscheidung in dieser Situation. Die Folge ist meistens, dass sich die Dinge ziemlich genau so entwickeln, wie du möchtest. Indem du deine Optionen nutzt, indem du dich entscheidest, entweder dieses oder jenes zu tun, übst du einen sehr großen Einfluss auf das Ergebnis aus.

Das Buch wird dir viele Wege aufzeigen, effektiv und realistisch dein Selbst zu kontrollieren, deinen Erfolg und dein Leben.

3. Sich selbst entwerfen

'Ohi ka manu o ke ao
Der fischende Vogel bringt täglich seine Ernte ein -
Beharrliches Tun bringt Ergebnisse hervor

In diesem Kapitel erläutere ich ein Huna-System, wie man sich selbst zu »entwerfen« kann, so wie ein Designer etwas entwirft. Das geht auf die Idee zurück, dass du bewusst deine Persönlichkeit gestalten kannst, dass du sogar ganz willentlich »entwerfen« kannst, wie du bist. Das steht, wie ich weiß, im Gegensatz zu dem, was den meisten Menschen beigebracht worden ist. Eine der Vorstellungen in der frühen Entwicklungsphase der Psychologie ist, was viele auch immer noch glauben, dass die Persönlichkeit in einem bestimmten Stadium des Lebens, in einer gewissen Altersstufe festgelegt wird. Manche sagen, dass man mit sieben Jahren die Persönlichkeitsentwicklung abgeschlossen habe, und sich die Persönlichkeit danach nicht mehr wesentlich ändert, und dass es nichts gibt, was man daran machen kann. Andere setzen diese Altersgrenze bei fünf, wieder andere bei zehn Jahren fest.

Im Huna gibt es keine solche Vorstellung, und in der Huna-Praxis zählt bekanntlich nur das, was zu Ergebnissen führt. Es ist nämlich eine Tatsache, dass du deine Persönlichkeit so umfassend und so tiefgreifend verändern kannst, wie du möchtest – und zwar zu jeder Zeit in deinem Leben. Das mag nicht leicht sein, die Methode ist jedoch ziemlich einfach.

Die Persönlichkeit ist in Wahrheit die Gesamtsumme all deiner Denk- und Verhaltensweisen und all deiner Wahrnehmungs- und Gefühlsmuster. Emotionale Reaktionen, Haltungen, Gewohnheiten, Vorlieben und Abneigungen, Phantasien, Fertigkeiten und Anlagen – all das hat mit deiner Persönlichkeit zu tun. Wenn Psychologen über Menschen sprechen, sprechen sie über die Persönlichkeit, als ob sie eine Ganzheit wäre, und sie sprechen über verschiedene Arten von Menschen und bilden Gruppen verschiedener Persönlichkeiten. C. G. Jung hatte die Idee, vier Persönlichkeitsgruppen zu bilden. Die Astrologie kennt zwölf Unterteilungen. Das Enneagramm, das ein ziemlich gutes System ist, soweit Systeme gut sein können, spricht von neun Gruppen. Und ich habe von einem System gehört, das dreiunddreißig Persönlichkeitsgruppen unterscheidet. Das alles sind jedoch völlig willkürliche Systeme. Du kannst so viele Typen unterscheiden, wie du möchtest, du kannst sie unterteilen nach jeder beliebigen Systematik und etwas gestalten, was recht logisch klingt – und doch wird es immer irgendjemanden geben, der nicht ins System passt.

In der Alltagspraxis ist es so, wenn du dir Menschen richtig anschaust, wie sie sind und wie sie handeln: jeder Mensch hat eine Menge verschiedener Persönlichkeiten. Es kommt darauf an, was er tut und mit wem er zusammen ist, welche seiner Persönlichkeiten zum Vorschein kommt. In den meisten Fällen geschieht das spontan. Während wir durch das Leben gehen, stellen wir fest, dass bestimmte kleine Dinge unter bestimmten Umständen funktionieren, und andere an anderen Orten und Zeiten mit anderen Leuten. So entwickeln wir dann unterschiedliche Reaktionsmuster bei verschiedenen Menschen und Situationen in unserer Umwelt.

Es gibt zum Beispiel häufig die Persönlichkeit des Kindes, die du annimmst, wenn du mit deinen Eltern zusammen bist oder in bestimmten anderen Beziehungen, in denen es sich als hilfreich erwiesen hat, mit kindhaftem Verhalten zu bekommen, was du möchtest. Wenn du mit einem Vorgesetzten zusammen bist, verhältst du dich auf eine gewisse Weise, und unter Untergebenen bist du vielleicht ziemlich anders. Wenn du verschiedene Dinge tust oder unterschiedlichen Situationen begegnest, kannst du spontan mit einer anderen Persönlichkeit auftreten. Wir machen das in der Regel so automatisch und spontan, so gewohnheitsmäßig, dass wir kaum bemerken, dass wir unsere Haltung tatsächlich verändert haben. Wenn du jedoch gut beobachten kannst und zum Beispiel einmal mit einem Freund dessen Eltern besucht hast, hast du wahrscheinlich eine mehr oder weniger deutliche Veränderung an ihm bemerkt. Vielleicht ist der Mensch dir sogar wie eine ganz andere Person vorgekommen. Das passiert deshalb, weil wir im Wechselspiel mit den Eltern bestimmte Muster oder Gewohnheiten in unserem Verhalten gebildet haben, die dann einsetzen, wenn wir mit ihnen zusammen sind. Und wenn ein solcher Mensch draußen in der Welt unterwegs ist, weit von zu Hause weg, braucht und gebraucht er diese Muster nicht.

Manchmal werden diese Veränderungen »Sub-Persönlichkeiten« (etwa: Unterpersönlichkeiten) genannt, als ob sie Fortsetzungen oder Anhängsel einer größeren und grundlegenderen Basispersönlichkeit wären. Es stimmt, dass es bei manchen Personen gewisse Eigenschaften gibt, die allen ihren wechselnden Persönlichkeiten gemeinsam sind; bei zahlreichen anderen Menschen trifft das jedoch nicht zu. Ich spreche hier über Menschen, die psychisch gesund sind! Eine gute Freundin von mir war eine freundliche, sanfte und fröhliche Frau. Sie verliebte sich in einen sehr netten Mann und ich erwartete, dass sie ein wundervolles Leben haben würde. Zur Überraschung von uns allen kam es dazu aber nicht. Als sie heiratete, veränderte sich ihre Persönlichkeit radikal. Sie wurde eifersüchtig, überkritisch und fordernd und zeigte eine Menge von Verhaltensmustern, die sie vorher nie gelebt hatte.

Es gibt Leute, die solche Ereignisse auf Erfahrungen aus früheren Leben zurückführen wollen. Aber in diesem Fall war das Problem viel einfacher. Meine Freundin hatte eine Persönlichkeitsstruktur für Freunde, die sie beim Zusammensein mit mir annahm und auch bei ihrem Verlobten. Eine Beziehung als Mann und Frau hatte jedoch für sie eine ganz andere Bedeutung. Für eine Ehebeziehung verfügte sie über ein ganz anderes Persönlichkeitsmuster, das sie als Kind von ihrer eigenen Familie gelernt hatte – und das hatte mit einer Beziehung unter Freuden keine Ähnlichkeit. Wenn sie mit mir allein war, war sie meine gute alte Freundin. Wenn sie und ihr Mann und ich zusammen waren, war sie zu mir mehr oder weniger genauso freundschaftlich wie sonst, ihrem Mann gegenüber jedoch auf höfliche Weise kühl. Und allein mit ihrem Mann wurde sie unangenehm.

Das Problem mag einfach gewesen sein, die Lösung war es aber nicht, aufgrund eines zweiten Problems. Das erste Problem bestand einfach darin, dass eine Reihe von Erwartungen eine veränderte Persönlichkeitsstruktur hervorriefen, sobald sie von der Verlobung den nächsten Schritt zur Heirat gemacht hatte. Das zweite Problem war, dass sie sich weigerte, diese Erwartungen aufzugeben, und deshalb also unfähig war, dieses Muster zu ändern. Ich möchte bitte nicht falsch verstanden werden: das heißt nicht, dass sie körperlich, emotional oder verstandesmäßig unfähig gewesen wäre, das Muster zu verändern. Sie weigerte sich aufzuhören, das Muster zu praktizieren, und das war der Grund für ihre Unfähigkeit, es aufzugeben.

Das dritte Huna-Prinzip besagt, dass Energie dem Bewusstsein folgt; wir werden das später im Buch mehrfach aufgreifen. An dieser Stelle möchte ich jedoch darauf aufmerksam machen, dass dieses Prinzip auch umgekehrt gültig ist: »Das Bewusstsein folgt der Energie.« In unserem Zusammenhang bedeutet das: immer, wenn du auf eine bestimmte Weise handelst, verstärkst du den Grund dafür, so zu handeln. Das könnte zu einer endlosen Schleife werden, aus der kein Entrinnen wäre. Aber es gibt auch die Tatsache, dass du immer die Macht der bewussten Entscheidung besitzt, deine Aufmerksamkeit und dein Bewusstsein woanders hin zu richten, und damit die Verbindung zwischen Gedanken und Verhaltensmustern schwächen kannst.

Das wahre Problem meiner Freundin bestand darin, dass sie nach gar keiner Alternative Ausschau halten *wollte*, nicht, dass sie das nicht *gekonnt* hätte. Es gab genügend andere gute Ehen, die sie als Vorbilder dafür hätte wählen können, wie man sich anders verhalten kann. Aus welchem Grund auch immer: sie wollte es nicht anders. Und so bleibt sie in einer unglücklichen Ehe, die sie selber so gestaltet.

Hier habe ich ein modernes Sprichwort für dich: *Falls du dein Leben ändern willst, dann musst du dein Leben ändern.*

Dein Leben ändern bedeutet, dich selbst zu ändern. Das Selbst wird nicht irgendwo entdeckt bzw. gefunden, sondern es wird gemacht – bewusst oder unbewusst. Dein Selbst ist, was du jetzt bist: es ist die Verbindung deiner Gedanken, deiner Gefühle und deiner Handlungen. Dein Selbst ist nicht, wo du geboren wurdest, und auch nicht, wer deine Eltern waren; es ist nicht deine Hautfarbe und weder deine Muttersprache noch deine Bildung oder Unbildung, obwohl all diese und andere Dinge einen bestimmten Einfluss haben können. Dein Selbst ist vielmehr all das, was du im Inneren bist und all das, was du der Welt präsentierst. Und du kannst jedes einzelne Teil davon verändern.

Persönlichkeit ist ein erlerntes Muster, das aus relativ kleinen Mengen deines gesamten Potentzials an Denken, Fühlen und Handeln gebildet wird. Du kannst entweder bei dem bleiben, was du gelernt hast, oder das Erlernte verändern, oder etwas völlig Neues kreieren.

Es gibt eine Menge Beispiele, wo so etwas bewusst geschehen ist. Gute Schauspieler entwerfen manchmal eine Persönlichkeit, und sie gestalten sie so gut und klar, als eine Art von Rolle, dass sie in sie hineinschlüpfen, wie man eine andere Garnitur Kleidung anlegt. Manche schlüpfen in eine Rolle und gehen nie mehr aus ihr heraus. John Wayne gehört zu diesen Schauspielern. Das kann man an den Unterschieden sehen zwischen seinen Auftritten in einigen seiner frühen Filme und dem, wozu er später wurde. Er schuf mit der Zeit eine Art von stereotypem John Wayne, wahrscheinlich auf der Grundlage seiner Rolle in *Stagecoach*, und das lebte er dann, sowohl auf der Leinwand als auch im privaten Leben. Das machte er so gut, dass ihn fast jeder imitieren konnte und man sofort die John Wayne-*Persona* erkannte, auch wenn die Imitation nur schlecht gelang.

Marlon Brando hat das etwas anders gemacht. Er schuf für seine Filmrollen mehrere Persönlichkeiten, die alle völlig verschieden waren. Wenn du dir eine ganze Reihe seiner Filme ansiehst, dann wirst du feststellen, welche dieser Persönlichkeiten in welchem Film eingesetzt wurde. Die *Persona*, das Rollenspiel, das er für »Endstation Sehnsucht« entwickelte, benutzte er auch in »Die Wilden« und »Am Wasser«. Die arrogante *Persona* aus »Missouri« tauchte wieder in »Apocalypse Now« auf. Die tragische Führerfigur sah man in den Filmen »Der hässliche Amerikaner«, »Der Pate« und »Supermann«. Er besaß auch eine komödiantische, eine »coole« und wahrscheinlich noch andere Persönlichkeiten. Er gestaltete eine ganze Bandbreite von Persönlichkeiten so gut, dass wenn er in eine davon eintrat, er voll und ganz zu diesem Charakter wurde. Es waren für ihn Persönlichkeiten wie »aus dem Lager«, die er einfach an den jeweiligen Film anpasste.

Jane Fonda konnte das auch sehr gut. Sie entwickelte eine Persönlichkeit, die »außen sanft und weich, innen ganz *taff* und hart« war. Diese *Persona* benutzte sie in »Cat Ballou«, »An einem Mittwoch«, »Barfuß im Park«, »Barbarella« und »Von 9 bis 5«. In »*La Curée*«, »Klute« und anderen Filmen verwendete sie die »Frau von Welt«-*Persona*. Und auch sie hatte noch einige andere.

Mir geht es hier darum, dass jeder von uns verschiedene Persönlichkeiten für die verschiedenen Umstände kreiert. Die meisten Leute machen das indes zufällig, ohne bewusste Wahrnehmung oder Absicht. Ihre Persönlichkeiten ergeben sich aus Reaktionen auf Ereignisse, die Meinung anderer Leute, Ideen und Verhaltensweisen, und nicht als bewusst gestaltete *Persona* mit einem klaren Gespür für sich selbst und für das, was sie damit erreichen wollen.

Es ist üblich, dass Persönlichkeiten unbewusst geschaffen werden. Aber das, was man unbewusst erzeugen kann, kann man auch bewusst vollziehen, und dann meist besser und methodischer und mit mehr Wissen.

Jedes Mal, wenn du deine Überzeugungen und Glaubensmuster veränderst, und dabei die Art und Weise veränderst, wie du auf die Welt reagierst, produzierst du eine Veränderung in deiner Persönlichkeit, die deine weiteren Erfahrungen verändern wird. Dein Leben wird sich verändern, weil du dich verändert hast. Die Menschen werden sich dir gegenüber anders verhalten, und sogar deine Umgebung scheint sich zu verändern.

Ich möchte dich zu einer Übung anleiten, die zeigt, wie einfach und tiefgründig das sein kann. Egal, wo du gerade bist, wenn du diese Zeilen liest: schau dich in deiner Umgebung um. Dann folge jedem einzelnen Schritt, der unten steht, und gib dir mindestens pro Schritt eine ganze Minute Zeit.

Stell dir vor, dass du Innenarchitekt bist (falls du gerade in einem Raum bist) oder Landschaftsgärtner (falls du dich draußen aufhältst). Wie würdest du den Raum um dich herum neu entwerfen?

Stell dir vor, du bist Zimmerermeister. Was hältst du von der Art und Weise, wie der Raum um dich herum gebaut ist und was und wie würdest du verändern (falls du drinnen bist); oder was würdest du hier neu bauen (falls du draußen bist)?

Stell dir vor, dass du Immobilienmakler bist (gleich, ob du drinnen oder draußen bist). Auf welche Merkmale würdest du deinen Kunden besonders aufmerksam machen?

Stell dir vor, dass du Kunstmaler bist. Wie würdest du den Raum ausmalen oder anmalen?

Wenn du diese Übung durchführst, wirst du etliche wichtige Dinge entdecken. Zunächst einmal werden bei jedem Schritt der Übung gewisse Dinge im Raum deine Aufmerksamkeit anziehen und andere wieder nicht. Das ändert sich von Schritt zu Schritt. Zweitens bringt jeder berufliche Hintergrund einen bestimmten Jargon mit sich, ein Fachwissen sowie spezialisierte Annahmen und Erwartungen, die alle zusammen zu bestimmten Möglichkeiten zu handeln führen, die im Rahmen der anderen Berufe nicht bestehen. Drittens wirst du, je länger du bei einem der Übungsschritte bleibst, immer mehr Wissen und Ideen empfangen, die in deinen Geist einströmen, und zwar *im Rahmen des jeweiligen Berufsfeldes*.

Wir wollen der besseren Verständlichkeit halber einige Definitionen aufstellen. Obwohl die Begriffe Persönlichkeit und Persona für einander austauschbar sein können, soll das Wort Persönlichkeit ab jetzt eine unbewusste Schöpfung und Persona soll eine bewusste Schöpfung bedeuten.

Persönlichkeit und Persona sind den verschiedenen Berufsrahmen sehr ähnlich, denn sie bestehen jeweils aus bestimmten Denk-, Gefühls- und Handlungsmustern. Der einzige Unterschied liegt darin, dass Persönlichkeit und Persona innerhalb eines Berufes angewandt werden können, so wie ein Schauspieler eine bestimmte Rolle mit einer speziellen persona »einfärbt«. Marlon Brando könnte also einen harten, aber leidgeprüften Zimmerermeister oder einen Zimmerermeister als tragischen Anführer spielen. Jane Fonda könnte eine Künstlerin mit weicher Schale und hartem Kern spielen oder eine Künstlerin als Frau von Welt. Die Persona definiert das Wesen der Rolle; aber die Rolle definiert nicht die Persona.

Bist du zufrieden oder glücklich mit der Art, wie du deine Lebensrollen spielst? Falls du in jedem Lebensbereich die Ergebnisse erhältst, die du möchtest, dann stimmt das, was du tust, was auch immer das sein mag. In diesem Fall könntest du dir höchstens noch bewusster darüber werden, was du tust. Je bewusster du dir jener deiner Muster bist, die für dich funktionieren, desto leichter wird es dir fallen, sie noch feiner abzustimmen, wenn du das möchtest. Und wenn selbst das nicht notwendig sein sollte, kannst du sie dann wenigstens leichter mit anderen teilen.

Falls du nicht die Ergebnisse bekommt, die du willst, dann sollte ein Teil deines Verbesserungsplans darin bestehen, eine oder mehr Persona zu entwickeln. Eine Frage, die sich dabei ganz selbstverständlich erhebt, ist, ob das nicht »getürkt« ist, also eine oberflächliche und unechte Verhaltensweise darstellt. Denn schließlich geben Schauspieler ja nur vor, jemand anderes zu sein, und etwas zu spielen, was du im wahren Leben nicht bist, scheint unehrlich zu sein. Das wäre eine faire Frage, die allerdings auf falschen Grundannahmen beruht. Denn ich spreche nicht davon, eine gefälschte Persona zu schaffen. John Wayne kreierte eine Film-Persona, die er so gern mochte, dass er sie zu seiner Lebens-Persona machte. Und obwohl John Wayne noch nicht einmal sein Geburtsname war und seine Persona von ihm gemacht wurde, wurde er dazu aufgrund seiner inneren Absicht und alltäglichen Lebensführung. John Wayne war deshalb kein unechter Mensch.

Hier kommen wir zu einem Punkt, der zunächst ziemlich schockierend klingen mag. Es gibt nichts Heiliges an den Gedanken, Gefühlen und Verhaltensweisen, die du in deinem bisherigen Leben zusammengesammelt hast und mit denen du dich heute identifizierst. Du selbst bist heilig, als ein individuelles menschliches Wesen, aber deine Gedanken, Gefühle und Verhaltensweisen sind es nicht. Das sind alles nur Dinge, die du planlos erlernt hast, mit Ausnahme jener natürlich, die du gezielt entwickelt und praktizierst hast. Alles, was nicht verändert werden kann, ist heilig – nicht, weil es nicht verändert werden sollte, sondern weil es nicht geändert werden kann. Die Tatsache deiner Existenz kann nicht geändert werden, aber deine Erfahrungen in deiner Existenz. Während einige Leser sich mit diesem Gedanken noch eine Weile länger beschäftigen wollen, werde ich in der Zwischenzeit den anderen weiterhelfen.

Als erstes brauchst du eine spezifische Technik. Es gibt im Huna-Wissen eine allgemeine Methode, um Veränderung zu bewirken, die wir *Haipule* nennen. Das Wörterbuch übersetzt diesen Begriff aus Hawaii mit »Gebet, Segnung, Zauber«. Wenn man diese Worte auf normale Weise versteht, ist *Haipule* jedoch nichts davon, aber es ist in wenigen Worten auch schwer zu beschreiben. In Wirklichkeit handelt es sich dabei um einen Vorgang, die eigenen Gedanken, Gefühle und Verhaltensweisen zu organisieren und zu stärken, der auf der einfachen Theorie basiert, dass du deine Lebenserfahrungen verändern kannst, wenn du dich selbst änderst. *Haipule* kann auf alles angewandt werden; wir wollen es hier jedoch nutzen, um deine eigene Persona zu entwerfen.

Das Geheimnis von *Haipule* steckt in seinen vier Wurzeln: *ha-i-pu-le*. Wenn man diese Silben im Hinblick auf unsere Technik überträgt, dann bedeuten sie: energetisieren, verbalisieren, mentalisieren und aktualisieren.

Energetisieren

Wenn wir die Energie vermehren, die uns zur Verfügung stehen, hilft das unseren Organen, stärkt es unsere Muskeln, nährt das unsere Zellen, beruhigt es unsere Emotionen, regt es unsere Gefühle an und klärt das unseren Geist. Die gewöhnlich dazu benutzten Methoden sind atmen, trinken, essen und Sport treiben. Die schnellsten Resultate bringt tiefes Atmen hervor, und wir können das durch unsere Bewusstheit noch weiter verstärken. Versuche einmal die folgende Übung eine Minute lang:

1. Finde jemanden oder etwas in deiner Umgebung, der bzw. das viel Energie zu haben scheint. Meereswellen sind gut, falls du sie sehen oder hören kannst. Die Wirkungen des Windes zu beobachten oder ihn auf deinem Körper zu spüren ist auch gut. Musik zu hören, beim Sport zuzuschauen, auf einem Trampolin zu springen oder jede beliebige Form starker Schwingungen zu spüren funktioniert auch. Falls sonst nichts zur Verfügung steht, kannst du ein Bild oder ein Video ansehen, die etwas voller Energie zeigen.
2. Während du deine Aufmerksamkeit auf diese Energiequelle richtest, atme tief ein, fünf oder zehn Sekunden lang, und stelle dir vor, dass du die Energie von dem einatmest, worauf du dich gerade ausrichtest.
3. Dann atme fünf oder zehn Sekunden lang aus und stelle dir vor, dass diese Energie an einen speziellen Ort in deinem Körper geht bzw. fließt, von wo aus sie für den Rest der Übung verfügbar ist. Das kann dein Gehirn sein, dein Herz, dein Bauchnabel, dein Rückgrat oder irgendwo sonst.

Verbalisieren

Worte sind sehr nützlich, um unser Bewusstsein zu lenken oder neu auszurichten. Worte an sich haben nur sehr geringe Kraft, ungeachtet aller Lehren, die das Gegenteil behaupten, und auch völlig egal, ob sie in einer fremden Sprache gesprochen oder in süßen kleinen Gedichten arrangiert werden. Unsere Aufmerksamkeit auszurichten, unser Bewusstsein auf etwas Neues zu lenken, kann jedoch aufgrund des dritten Huna-Prinzips sehr mächtige Wirkungen hervorbringen: die Energie fließt dorthin, wohin sich das Bewusstsein richtet. Worte rufen Assoziationen hervor, Assoziationen rufen Erinnerungen hervor, und Erinnerungen beeinflussen das Verhalten. Probiere einen der folgenden Vorschläge eine Minute lang aus:

- Sprich Worte des Lobes oder der Bewunderung aus, die sich auf das beziehen, was du möchtest. Das könnte sein »Ich liebe dich«, oder »Es ist gut«, oder »Das ist wundervoll« oder was dir sonst richtig scheint.
- Sprich Worte aus, die das bekräftigen, was du hast, oder haben wirst, oder was du verdienst oder möchtest.
- Sprich Worte, die das bezeichnen und bekräftigen, was du geschehen lassen möchtest. Das könnte zum Beispiel sein »Bringe mir das«, oder »Schaffe jenes für mich«, oder »Tue dies oder jenes.« Kümmere dich nicht darum, an wen oder was du diese Aufforderung richtest. In Wirklichkeit bist du es selbst.

Mentalisieren

Manche Menschen meinen, dass Visualisierung die einzige Möglichkeit sei, deine Vorstellungskraft einzusetzen. Die Wahrheit ist jedoch, dass Imagination oder Vorstellungskraft auf jeden der Sinne hin angewendet werden kann. Du kannst Sehen imaginieren, Hören, Riechen, Schmecken, Berühren. Auch Druck, Hitze, Kälte, Rauheit, Glätte, Kribbeln und alles sonst, was man erleben kann, kannst du dir vorstellen. Und wenn du das lebendig genug ausüben kannst, das heißt mit genügend Konzentration, wird dein Unterbewusstsein das, was du dir vorstellst, als genauso real und gültig akzeptieren wie jede andere äußerliche Erfahrung. Das garantiert für sich genommen noch nicht, dass du bekommst, was du imaginierst – aber kombiniert mit dem Rest von *Haipule* wird es die Wahrscheinlichkeit dafür enorm vergrößern. Probiere einmal jede dieser drei Alternativen jeweils eine Minute lang aus:

1. **Planen.** Nutze alle deine Sinne und stell dir vor, wie du möchtest, dass die Dinge bzw. Umstände sein sollen, oder wie du sein willst – bis in die Einzelheiten, so, als ob du einen genauen Handlungsplan aufstellst.
2. **Erinnern.** Indem du alle deine Sinne einsetzt, erinnere dich so detailliert wie nur möglich an alles, was du selber früher einmal getan hast und das dem ähnelt, was du nun vorhast; oder an das, was andere gemacht haben, und das dem gleich kommt.
3. **Phantasieren.** Gebrauche alle deine Sinne und kreiere eine symbolische Phantasie dessen, was du möchtest, erneut in möglichst vielen Einzelheiten. Gestatte dir die Freiheit, das so wild, wundervoll, ungewöhnlich und unwirklich auszugestalten, wie du nur kannst. Das sinnlich erfasste Detail ist hier wichtiger als die Realitätsnähe.

Aktualisieren

Hierbei tust du körperlich etwas, das sich entweder direkt oder symbolisch auf das bezieht, was du möchtest. Wenn du zum Beispiel eine gesellschaftlich umgänglichere Persönlichkeit entwickeln willst, ziehst du ein Kleidungsstück an, das diesem neuen Image entspricht. Oder du stellst ein kleines Skizzenheft zusammen mit Bildern von Leuten auf Partys, die du ausgeschnitten und eingeklebt hast. Auf die glücklichsten schreibst du deinen Namen. Denke jedoch daran, dass dieser symbolische Akt zu einem bestimmten Zeitpunkt auch durch eine reale Aktion ersetzt werden muss.

Damit haben wir also die recht einfache Technik von Energetisieren, Verbalisieren, Mentalisieren und Aktualisieren kennengelernt. Die nächste Frage ist: wie wendest du diese Technik an, um deine eigene Persona zu entwerfen? Dazu brauchst du ein System.

Da alle Systeme willkürlich sind, biete ich dir ein willkürliches System als Leitlinie an, das du erweitern oder verändern kannst, wie du es für richtig hältst. In diesem System kannst du mit drei »Selbsten« arbeiten, wenn du magst. Da gibt es zunächst dein physisches Selbst, dann dein emotionales Selbst und schließlich dein mentales Selbst. Im Rahmen dieser Übung gehen wir so vor, dass wir jeden dieser drei Aspekte getrennt entwerfen und ausgestalten.

Der Entwurf des physischen Selbst

Hier geht es um deinen Gesundheitszustand, deine Energie, deine Körperfunktionen und deine Erscheinung. Du kannst dein physisches Selbst wirklich entwerfen oder neu gestalten, wenn du *Haipule* anwendest.

Vor langer Zeit habe ich mal an einem Workshop teilgenommen, bei dem man allen Anwesenden etwas von sich selbst erzählt. Es war am zweiten Tag des Workshops und es hatte sich bereits nach einigen einfachen Atem- und Entspannungsübungen viel positive emotionale Energie aufgebaut, die jedwede Kritik völlig wegfallen ließ. Der Kursleiter bat eine junge Frau nach vorn. Sie hatte langes blondes Haar und ein gewöhnliches Gesicht und war vermutlich achtzehn oder neunzehn Jahre jung. Als sie vorn stand sagte sie, dass sie sich für recht schlicht und einfach halte, und sich außerdem hässlich fände. Sie war nicht hässlich, aber durchaus schlicht. Der Ansatz des Kursleiters bestand darin, Aussagen als Hilfsmittel zu nutzen, Menschen von ihrem begrenzten Denken zu befreien. Da sie nun meinte, dass sie hässlich sei, lud er sie ein zu sagen »Ich bin schön«. Das fiel ihr anfangs selbstverständlich schwer und sie wurde rot. Obwohl es ihr wirklich Mühe machte, ließ er sie das immer wieder und wieder und wieder sagen. Seine Absicht war damals nur (wie er später erklärte), der jungen Frau zu helfen, sich mit dieser Idee richtig anzufreunden, mehr nicht.

Während sie diese Aussage jedoch so viele Male wiederholte, und dabei keinen ansah und diese Worte auch nicht mit irgendeinem besonderen Gefühl aussprach, gab es plötzlich bei allen Männern und einigen Frauen im Publikum ein erstauntes Aufatmen: offensichtlich ohne sich dessen bewusst zu sein, begann die junge Frau sich aufzurichten, ihr Gesicht fing an zu strahlen und sie wurde auf unglaubliche Weise wunderschön. In ihr fand eine regelrechte Transformation statt. Für mich sah es aus, als ob eine ganz besondere Welle über ihr Gesicht gespült sei – sie wurde tatsächlich schön.

Hinterher wunderten sich viele Teilnehmer, warum sie ihre Schönheit nicht schon vorher bemerkt hätten. Die Antwort ist: weil die junge Frau vorher etwas anderes nach außen projiziert hatte. Wie sie über sich selbst dachte, beeinflusste das, was ihre Umwelt über sie dachte. Sie verhielt sich nicht nur schlicht, sondern wir anderen sahen sie so, wie sie sich selbst sah. Die wenigen einfachen Worte wirkten auf ihr Unterbewusstsein, und sie beeinflussten auch das Unterbewusstsein der Teilnehmer, so dass sie die junge Frau anders wahrzunehmen begannen.

Man kann nun annehmen, dass dies eine telepathische Wirkung sei oder eine emotionale Reaktion – das spielt keine Rolle. Es kommt darauf an, dass deine Umwelt dich nicht so wahrnimmt, wie du wirklich aussiehst, sondern viel stärker so, wie von dir selbst denkst und wie du selbst empfindest. Und wenn du aufrichtig glaubst, schön zu sein – egal, wie es zu dieser Überzeugung kam – wirst du als schön betrachtet werden! Diese junge Frau war übrigens für den Rest des Workshops und darüber hinaus besonders beliebt.

Von Blickwinkel von *Haipule* aus gesehen gab es damals ein starkes Feld positiver emotionaler Energie, und die junge Frau verfügte über eine gewisse Sehnsucht, sich zu verändern, denn sonst hätte sie nicht am Workshop teilgenommen. Die vorgeschlagene Affirmation war anfangs so unglaubwürdig, dass die Frau ihren bewussten Widerstand dagegen nach genügend vielen Wiederholungen dieser scheinbar »sinnlosen« Worte aufgab. Vermutlich tauchten Erinnerungen an schöne Frauen in ihr auf, während sie diese Worte wiederholte und nun ja mit ihrem ganzen Körper vorn vor der Gruppe interessierter Beobachter stand und diese Affirmation aussprach. Die erstaunte, jedoch zutiefst positive Reaktion der Gruppe verstärkte wiederum ihre eigene neue Selbstwahrnehmung. Alle Elemente von *Haipule* waren gegenwärtig mit Ausnahme der bewussten Absicht. Erinnern wir uns: was man unbewusst erzielen kann, kann man auch bewusst erreichen.

Der Entwurf des emotionalen Selbst

Einer der größten Irrtümer der Menschen ist der Glaube, dass du bist, was du fühlst. Es ist sehr schwierig, ein emotionales Muster zu verändern, solange du dich damit identifizierst. Teil des Problems ist natürlich die soziale und manchmal auch therapeutische Typisierung: »Das ist ein Mensch voller

Groll.« »Sie ist eher ein ängstlicher Typ.« »Er ist ein Soziopath.« »Sie ist manisch-depressiv.« Wenn du anfängst, dich auf eine solche Weise zu etikettieren, dann verschärfst du das Problem noch.

Denn in Wirklichkeit handelt es sich nur um Verhaltensmuster, die fast unbewusst entwickelt werden, um mit scheinbar unlösbaren Lebensproblemen klarzukommen. Mit bewusster Absicht und einem organisierten, systematischen Prozess wie *Haipule* kann jedes emotionales Verhaltensproblem verändert oder ersetzt werden. Missverstehe mich bitte nicht: ich verspreche hier nicht, dass das einfach sein wird oder nur kurze Zeit dauert. Aber du kannst es schaffen, und meistens sogar noch leichter und schneller, als du geglaubt hättest.

Es fängt damit an, dass du dich entscheidest, welche Art von Muster du anstelle eines deiner bisherigen neu erschaffen möchtest. Aus verschiedenen Gründen entwickelte ich als Teenager unbewusst einen tiefgehenden Mangel an Selbstvertrauen, der mit dem Tod meines Vaters noch schlimmer wurde. Wegen meines schauspielerischen Naturtalents konnte ich nach außen hin eine gute Figur abgeben, aber innerlich zitterte ich wie ein Wackelpudding. Jeder echten Herausforderung für meine Selbstachtung ging ich gezielt aus dem Weg. Das führte schließlich dazu, dass ich an der Oberschule aus einer Klasse von 65 Schülern den 64. Rang erreichte (ich versuchte offensichtlich, der schlechteste zu werden, aber selbst dazu war ich nicht gut genug). Aus einigen anderen Gründen, die hier nicht wichtig sind, kam ich trotzdem aufs College, wo ich im ersten Jahr auf spektakuläre Weise versagte. Mein Leben war an einem Tiefpunkt angelangt und es wurde Zeit für eine große Veränderung. In meinem Buch *Instant Healing* beschreibe ich näher, was dann passierte, und deshalb will ich das an dieser Stelle nicht wiederholen. Ich spürte, dass ich diese Veränderung allein nicht würde bewerkstelligen können. Deshalb entschloß ich mich zu den US-Marines zu gehen mit der bewussten Absicht, meine gesamte Persönlichkeit »zu überholen«. Das wurde auf eine gewisse Weise zu einem dreijährigen *Haipule*. Wenn ich damals das gewusst hätte, was ich heute weiß und in diesem Buch übermittle, hätte das nicht annähernd so lange gedauert (und wahrscheinlich wäre ich dann auch nicht zu den Marines gegangen).

Meine Energie wuchs aufgrund meines Veränderungswunsches und durch das forcierte Fitnessprogramm der Marines. Das Verbalisieren hatte mit einem täglichen Prozess der fast ständigen mentalen Selbstbelobigung zu tun, mit Affirmationen und Eigenaufträgen, die mir halfen, all das auszuhalten, was ich durchstehen musste. Das Mentalisieren bestand aus sorgfältiger Planung, wie ich mich unter verschiedenen Umständen und bei bestimmten Konfrontationen verhalten sollte. Dazu kamen Vorbilder von Filmrollen und aus Romanen von Menschen mit Eigenschaften, die ich gern hätte haben wollen, an die ich mich erinnerte. Schließlich phantasierte ich ziemlich viel davon, wie ich als Siegerfigur wieder nach Hause käme. Das Aktualisieren wurde natürlich auch täglich ausgeführt, und zwar indem ich körperliche und zwischenmenschliche Fähigkeiten entwickelte und sich steigernde Verantwortung übernahm. Kurz gesagt: es funktionierte. Als ich dann am Ende wieder nach Hause kam, trug ich zwar denselben Namen wie zuvor, war aber eine andere Person.

Der Entwurf des mentalen Selbst

Obwohl die Menschen ständig ihre Meinung ändern, und Leute überall auf der Welt versuchen, ihre geistigen Fähigkeiten zu verbessern, während andere danach streben, ihr Bewusstsein zu erweitern, gibt es doch noch die vorherrschende Ansicht, dass der Verstand, das Alltagsbewusstsein stärker festgelegt sei als die Gefühle und der Körper, und dass es irgendwie nicht in Ordnung sei, anders zu denken als nach den üblichen Gedankenmustern. Deshalb sind viele Menschen nur bereit, etwas Neues zu lernen oder eine andere Denkweise auszuprobieren, wenn das nicht als Störfaktor für all das wirkt, mit dem sie vertraut sind. Das verhält sich so, weil sich viele mit ihrem Denken identifizieren. Anstatt wie René Descartes zu sagen »Ich denke, also bin ich«, was seine Rechtfertigung für die Existenz war (die wahrscheinlich nicht besser oder schlechter als jede andere Erklärung ist), sagen die Leute, von denen ich jetzt spreche, »Ich bin, was ich denke.« Wenn man ihnen zuhört könnte man meinen, dass ihre Überzeugungen und Glaubensmuster, die sie in Bezug auf sich selbst hegen, so heilig wie ein besonderer religiöser Wallfahrtsort seien. Oft höre ich, wenn ich jemandem dabei helfe, sich zu verändern, den Satz, »O nein, so kann ich nicht denken. Das bin nicht ich.«

Dein Verstand, dein Denken, dein Alltagsbewusstsein ist potenziell dein anpassungsfähigster Teil, viel flexibler als dein Körper, deine Emotionen und dein Spirit, dein höherer Geist. Der Grund dafür ist, dass die Haupteigenschaft deines Verstandes in seiner Imaginationskraft, in seiner Vorstellungsfähigkeit besteht. Dein mentales Selbst zu entwerfen und zu entwickeln bedeutet, die Gabe deiner Vorstellungskraft zu stärken und zu konzentrieren, damit du deine Bewusstheit ausdehnst: damit du mehr und schneller lernen kannst, Gesichtspunkte anderer besser einschätzen lernst, die Reaktionen aus der Umwelt rascher wahrnimmst und verarbeitest, um dich wirksamer darauf einstellen zu können und noch mehr Verhaltensmuster in deinem Repertoire sammelst, mit denen du dem Unerwarteten besser begegnen kannst – um nur einige der Vorzüge dieser Arbeit aufzuzählen.

Ich habe einmal an einem Schnelllesekurs teilgenommen, der mein Verstandesbewusstsein auf eine Weise erweiterte, wie ich es nicht erwartet hätte. Und das blieb mir erhalten, weil ich es ausdrücklich wollte. Ich war immer stolz auf meinen anpassungsfähigen Verstand und meine große Vorstellungsgabe, aber dieser Kurs brachte mich auf ein völlig neues Niveau. Mein Vater hatte mir mehrere Techniken des Schnelllesens beigebracht, die ich auch solange geübt hatte, bis ich überdurchschnittlich gut lesen konnte. Die Durchschnittsgeschwindigkeit von Collegestudenten, die Belletristik oder populäre Sachbücher lasen, lag bei 250 bis 300 Worten in der Minute. Als eine gute Leseleistung gelten 500 bis 700 Worte. Dank des Trainings durch meinen Vater wurde es für mich normal, 800 lesen zu können.

Ich nahm an diesem Kurs nicht teil, weil ich glaubte, dass ich ihn brauchte, sondern weil er mit der unglaublichen Behauptung angepriesen wurde, dass man hinterher 20.000 Worte pro Minute lesen könnte! Ich hätte, wie die meisten Leute in meinem Umfeld, darüber einfach nur lachen und mir versichern können, dass kein Mensch je so schnell würde lesen können. Stattdessen zahlte ich die extrem hohe Kursgebühr, einfach um zu erleben, was wohl passieren würde.

Ein wichtiger Aspekt des Kurses war Entspannung; wir übten eine einfache Form der Alpha-Meditation, die effektiv war. Am wichtigsten für das Schnelllesen war, sich deutlich vorzustellen, dass man schneller liest, als die meisten für menschenmöglich halten. Diese Imagination wurde vertieft, indem wir Bücher auf dem Kopf und rückwärts »lasen«, ohne uns darum zu kümmern, was wir dabei mitkriegen würden. Manchmal blätterten wir einfach so schnell wie möglich durch die Seiten, während wir imaginierten, dass wir alles absorbierten, was vor unseren Augen auftauchte, und sei es auch nur noch so kurzzeitig. Der »jüngste Tag« kam mit unserer Abschlußprüfung, bei der wir einen klassischen Roman in Supergeschwindigkeit lesen sollten, und worauf noch ein Verständnistest folgte. Die Lesegeschwindigkeit war auf 12.000

Worte pro Minute eingestellt. Die Überraschung kam, als ein zwölfjähriges Mädchen und ich beide fast ein 100-Prozent-Ergebnis erzielten. Ich war erstaunt, mich während des Verständnistests an eine Reihe von Dingen zu erinnern, die ich jedoch nicht zu lesen geglaubt hatte. Ein weiterer Nutzen dieses Kurses war, dass ich lernte, mir selbst zu vertrauen.

Niemand im Kurs erreichte je 20.000 Worte in der Minute und bestand danach einen Verständnistest. Wenige erreichten höhere Werte als 5.000 Worte, auch nicht nach Monaten der Übung. Ich weiß nicht, wie viel die anderen aus diesem Kurs beibehalten konnten, aber für mich sind jetzt 2.000 bis 3.000 Worte in der Minute mit vollem Verständnis normal, wenn ich mich darauf konzentriere. Die Lektion, die ich daraus gelernt habe: je mehr du deinen Geist in einer kurzen, intensiven Arbeitsphase öffnest und ausdehnst, desto weiter offen bleibt er, auch wenn der Druck dazu nicht mehr besteht. Dieser Schnelllesekurs enthielt alle Elemente von *Haipule*: Energie, Worte, Imagination und Aktion. Ich werde darauf in späteren Kapiteln wieder zurückkommen.

4. Der Verdopplungseffekt

No'ono'o ke ali'I, ehu ka ukali
Der Gedanke ist der Boss, die Handlung der Handlanger

In diesem Kapitel behandeln wir eine besondere Anwendung von *Mana*, der persönlichen Macht im hawaiianischen Sprachgebrauch. Dieser Begriff wird oft sehr missverstanden. *Mana* bedeutet übersetzt »Macht«. In zahlreichen Büchern wird Mana jedoch als Energie übersetzt, und man liest von Chi und Ki und Prana und Mana, als ob sie alle dasselbe wären. Mana gehört jedoch nicht in diese Reihe von Begriffen, weil Mana eben nicht Energie, noch nicht einmal Lebensenergie ist. Mana heißt vielmehr Macht! Nach dem Webster's Lexikon bedeutet Macht »die Fähigkeit, etwas zu tun oder zu handeln« und auch »Autorität oder Einfluss«. Autorität wird seiner Wurzel nach von »erschaffen« abgeleitet und hat übrigens auch mit dem Wort »Autor« zu tun. Wir sprechen bei Mana also über eine kreative Kraft und es handelt sich dabei auch um Einfluss, der ausgeübt wird, um die Macht, etwas oder jemanden dazu zu bestimmen, zu agieren, zu handeln.

Mana ist auch von etlichen Anthropologen missverstanden worden. Sie haben den Begriff einfach auf viele Kulturen übertragen. Wie der Begriff „Schamane" ein sibirisches Wort ist, das nun an vielen Orten der Welt benutzt wird, ist Mana ein Begriff aus Hawaii, der das Konzept spiritueller Macht bezeichnet. Anthropologen übersetzen es jedoch leider ganz anders, zum Beispiel als »Prestige«, oder sie verstehen es als irgendeine magische Energie, an die primitive Menschen glauben. Mana ist nicht Prestige, sondern die Macht und der Einfluss, die aus Prestige entstehen. Es ist auch keine irgendwie geartete magische Energie, sondern die Macht, Energie zu benutzen oder zu beeinflussen.

Uns geht es also um die Macht, Dinge zu verändern oder die Macht, Dinge zu beeinflussen. Wir sprechen hier von persönlicher Macht. Macht, dein Leben zu verändern oder zu beeinflussen, die Macht, deinen Körper zu verändern oder zu beeinflussen, deine Beziehungen, deine finanzielle Situation, die Umwelt oder wonach dir sonst der Sinn steht.

Selbstverständlich geht es dabei auch um Energie, jedoch um *zielgerichtete* Energie, nicht einfach um bloße Energie. Ich werde dir beibringen, wie du diese Energie auf mannigfaltige Weise lenken kannst, aber zunächst müssen wir uns die Energie selbst noch bewusster machen.

In der Physik wird Energie als die Leistungsfähigkeit definiert, Arbeit zu leisten. Obwohl die Worte »Energie« und »Macht« oder »Kraft« oft wie Synonyme verwendet werden, ist doch die Leistungsfähigkeit, Arbeit zu leisten nicht dasselbe wie die Fähigkeit, etwas tun zu können, zu agieren, zu handeln. Vielleicht hältst du das für eine so subtile Unterscheidung, dass sie gar nicht ins Gewicht fällt, ich allerdings meine, dass sie sehr bedeutsam ist. In der Metaphysik wird Energie meist als Schwingung, als Vibration definiert. Die griechische Wurzel des Wortes »Vibration« bedeutet Aktivität, Handlung. Wir kommen, praktisch gesprochen, dazu, Energie als Bewegung zu verstehen. Dem können wir hinzufügen, dass praktisch alles Energie und alles Macht besitzt. Alles hat die Leistungsfähigkeit, eine Arbeit zu verrichten, und alles hat die Fähigkeit, andere Dinge zu beeinflussen. Alles bewegt sich und alles kann etwas anderes bewegen.

Jetzt in diesem Moment ist um dich herum sehr viel mehr Bewegung, als du vielleicht meinst. Zuerst einmal ist dein ganzer Körper ein Bündel von sich bewegender Energie. Elektrische Energie läuft die ganze Zeit über die Nervenbahnen und Synapsen. Dann pulsiert das Blut nicht etwa langsam, wie viele Leute meinen, sondern mit unglaublicher Geschwindigkeit durch deinen gesamten Körper, und zwar ununterbrochen. Deshalb kann sich so schnell und unmittelbar eine Wirkung zeigen, wenn man ein Glas Wein oder ein Glas Wasser trinkt. Deine Zellen schwingen ebenfalls die ganze Zeit in ständiger Aktivität. In jedem einzelnen Augenblick spielt sich in deinem Körper eine ungeheure Menge an Aktivität ab.

Im Körper existiert auch eine enorme Energiequelle. Wenn du dir dieser Energie im eigenen Körper bewusst wirst, kannst du daraus unter anderem lernen, dass dir nie die Energie ausgeht. Die Energie im Universum ist unendlich groß. In einem einzigen Atom deines kleines Fingers steckt genug Energie, um dich viele Leben lang so weit und so schnell voran zu bringen, wie du willst.

Was passiert also, wenn du dich erschöpft fühlst oder energielos? In Wirklichkeit fehlt dir keine Energie. Wenn du dich ausgelaugt fühlst, entweder weil du glaubst, jemand anderes habe dir deine Energie entzogen oder deine Arbeit hat das bewirkt, bist du in Wahrheit gar nicht ausgelaugt. Du stehst nur unter Stress, das ist alles. Du hast dich verspannt, du hast deinen eigenen Energiefluss blockiert, und nun spürst die Folgen davon. Wenn du jedoch nicht erkennst, dass es sich dabei um einen selbsterzeugten Effekt handelt, dann versuchst du, jemandem oder etwas anderem die Schuld zuzuschieben, und das verringert dann tatsächlich deine Macht.

Du hast unbegrenzte, unendliche Energie in Fülle, die dir jederzeit zur Verfügung steht, in jedem Augenblick deines Lebens. Und wenn die Energie schon in dir tatsächlich unbegrenzt ist, dann denke einmal daran, wie viel Energie rund um dich ist. Nur ein Beispiel: ganz normales Wasser bewegt sich ständig, auch wenn es still zu stehen scheint. Die Wassermoleküle bewegen sich ständig, klumpen zusammen, bilden wieder neue Muster, und so fort. Wenn du ein Glas Wasser trinkst, energetisierst du dich buchstäblich mit all dieser Bewegung.

Wie wir sowohl aus der modernen Physik als auch aus der antiken Weisheit wissen, kann jede Form von Energie in eine andere Form transformiert werden. Wenn du in einer Gruppe von Menschen sitzt und ihr alle ein schönes, anregendes Lied singt, bei dem ihr euch richtig wohl fühlt, dann wird ein gewisser Anteil eurer emotionalen Energie in Wärme umgewandelt. Der Raum wird etwas wärmer; vielleicht steigt der messbare Anteil an negativen Ionen an und es könnte auch eine Zunahme an elektrostatischer Energie geben. Wenn eine Energieform in eine andere transformiert wird, kann alles Mögliche dabei passieren.

Wir Menschen besitzen diese Fähigkeit, wir machen das auch die ganze Zeit. Wir essen *Poi* oder Bananen oder Fleisch oder Kartoffeln, und wir wandeln sie in nutzbare Energie um. Du kannst das schon, zumindest dein Körper weiß, wie das funktioniert und er vollzieht es immerzu.

Ein weiteres brauchbares Konzept von Energie und Macht ist *Lulalike*, was ich als »Verdoppelungs- oder Kopiereffekt« bezeichne. *Lula* bedeutet »kopieren« oder »verdoppeln«, und *like* kann man als »gleich oder ähnlich wie« übersetzen. Das ist eine der Kräfte deines *Ku*. Ku ist ein Begriff, den wir für dein Unterbewusstsein oder deinen »Körperverstand« gebrauchen.

Dein Ku hat die Fähigkeit zu kopieren, was aber kopiert es? Es verdoppelt etliche Dinge. Es kopiert zum Beispiel die Zellen deines Körpers und ist dabei sehr gut. Die Hautzellen verdoppeln sich als Hautzellen und entwickeln sich nicht zu Leberzellen. Nierenzellen kopieren allgemein wieder Nierenzellen und nicht etwa andere Zellen. Dein Ku dupliziert und redupliziert die Zellen und Organe deines Körpers während des gesamten Lebens. Du hast nicht denselben Körper wie vor sieben Monaten. Früher dachte man, dass es sieben Jahre dauert, bis alle Zellen erneuert sind, aber heute weiß man, dass sich dieser Vorgang in sieben Monaten abspielt. Manche Veränderungen im Körper finden jeden Monat, andere sogar jede Woche oder jeden Tag statt. Nach sieben Monaten ist alles in deinem Körper ausgewechselt. Du „reinkarnierst“ körperlich immer wieder in deinem Leben aufgrund dieses Kopiereffekts.

Ein anderer interessanter Aspekt ist, dass dein Ku so genau wie nur möglich kopiert, was du denkst. Es versucht, deine Gedanken in eine Aktion oder Erfahrung zu übersetzen. Wenn du zum Beispiel über eine unangenehme Erinnerung sinnierst, versucht dein Ku, die Wirkung in diesem Augenblick energetisch zu duplizieren, indem es dich veranlasst, dich schlecht zu fühlen. Genau das gleiche passiert, wenn du voller Sorge oder Angst an irgendetwas in der Zukunft denkst: dein Ku wird versuchen, die Wirkungen zu kopieren, indem du jetzt schon die Angst und die Spannung spürst, die du befürchtest. Falls du dich an einem Platz befindest, an dem du nicht sein willst, versucht das Ku, fortzurennen. Und selbst wenn dein Alltagsverstand sagt, »Nein, ich muß hierbleiben«, will das Ku trotzdem weg, und deshalb verspannen sich deine Muskeln.

Wenn dein Ku deine Gedanken und Gefühle nicht direkt in ihre körperlichen Entsprechungen verdoppeln kann, versucht es, annähernd ähnliche Entsprechungen anzuwenden. Falls du ständig verbitterte Gedanken hast, ist das eine Art, wie du dir Gallenblasen- oder Blinddarmprobleme holen kannst. Falls du mit Themen rund um Liebe oder Selbstwert kämpfst, kann das zu Herzproblemen führen. Sexuelle Probleme zeigen sich im Urogenitalbereich.

Wenn du dir die Energien rund um dich herum bewusster machst, ist das auch eine gute Hilfe, um Spannungen zu bemerken. Falls du nicht daran gewöhnst bist zu spüren, wie sich dein Körper fühlt, und wenn du nicht sicher bist, wie sich Verspannung anfühlt, dann ist das so, weil du damit schon so lange lebst. Umso wichtiger ist es, Energie bewusst wahrzunehmen und zu lernen, sie so zu lenken, dass du Spannungen lösen kannst. Dafür stelle ich dir eine einfache Technik vor, die jedoch sehr wirksam sein kann. Damit du sie leichter lernen kannst, schlage ich vor, dass du sie zunächst nur eine Minute lang durchführst; später wird es aber hilfreich sein, etwas länger zu üben. Die Technik heißt *Ho'olapa-i-ka-ha*. Das bedeutet »den Atem anregen« oder »Leben zu verbreiten«. Es ist eine Methode, um mit Hilfe des Atems Energie zu erzeugen bzw. zu lenken, und es hilft dir vor allem, Energie bewusster wahrzunehmen und ihre Amplitude zu verstärken. Das kannst du dir wie Wellen am Strand von Waikiki vorstellen, die dreißig oder sechzig Zentimeter hoch sind. Die Wellen zu verstärken hieße jetzt, zwar noch die gleiche Zahl von Wellen zu haben, die nun aber über zwei Meter hoch sind. Das ist eine Verstärkung der Amplitude. Was wir jetzt machen werden, ist einfach. Wir verbinden die Atmung mit der Imagination, mit der Vorstellungskraft.

1. Finde etwas in deiner Umgebung, das sich bewegt. Es könnte ein fließender Bach sein, Blätter, die vom Wind verweht werden, spielende Kinder, ein Fisch in einem Aquarium, ein Ventilator – irgendetwas, das sich bewegt. Falls du nichts in deiner Umgebung findest, das sich bewegt, dann kannst du jetzt erst einmal ein Foto hernehmen, zum Beispiel von Pferden oder Autos, die sich bewegen. Die beste Wirkung ergibt sich allerdings, wenn du etwas richtig sehen oder spüren kannst, das in Bewegung ist.
2. Kopiere mit Hilfe deiner Imagination dieselbe Bewegung in deinem Körper, an einem Ort deiner Wahl. Wenn zum Beispiel deine Schultern verspannt sind und du fließendes Wasser anschaust, würdest du dir eine Kopie dieses Bildes von fließendem Wasser in deinen Schultern vorstellen.
3. Atme bewusst und langsam, während du deine Aufmerksamkeit gleichzeitig auf die äußere und auf die innere Be-

wegung gerichtet hältst. Wenn das anfangs zu schwierig scheint, dann lass deine Bewusstheit zwischen außen und innen hin und her wandern. Bei dieser Übung muss deine Aufmerksamkeit nicht an deine Atmung gekoppelt sein.

4. Führe das etwa eine Minute an jedem Ort in deinem Körper durch, an dem du spürst, dass es dir gut tut. Wenn du das als eine Energiebewusstseinsübung machst, die dir helfen soll, Verspannungen ganz wach wahrzunehmen, dann kannst du beim Kopf anfangen und deinen Körper nach unten durchspüren, indem du mindestens eine Minute in jedem Bereich bleibst.

Jetzt werden wir über *Kala Mana* sprechen, über die Kraft der Freisetzung oder Ausstrahlung. Im Abschnitt vorher ging es darum zu lernen, dass Bewusstwerdung von Energie die Energie verstärkt, weil das Ku alles zu kopieren versucht, worauf du deine Aufmerksamkeit konzentrierst. Wenn du übst, Energie freizusetzen bzw. auszustrahlen, wirst du erfahren, dass Energie vermehrt wird, wenn du Energie gibst. Darum geht es jetzt. Wenn wir Energie weitergeben – durch Bewegung, Aktion, Segnung oder Gebet für jemanden – und dadurch Verstand und Gemüt, also unser Alltagsbewusstsein von uns ablösen oder aus dem herausbekommen, wo es blockiert ist – dann vermehrt das die Energie, weil das Fließen verstärkt wird. Und dann kann diese Energie, wie jede gezielt gelenkte Energiebewegung, Dinge beeinflussen.

Oft, wenn ich jemandem helfe, seinen Körper zu heilen, fordere ich den Menschen erst einmal auf, daran zu arbeiten, jemanden anderen zu heilen, damit die Energie in Fluss gerät. Ich erinnere mich an eine Frau mit Krebs, der gesagt wurde, sie hätte nur noch sechs Monate zu leben. Alle ihre Freunde taten sich zusammen und brachten eine Menge Geld auf, damit sie ihre letzten Wochen in Jamaika würde leben können. Anstatt das zu tun, entschied sie sich: »Wenn ich ohnehin nicht mehr weiterlebe, dann ist das Geld besser woanders aufgehoben.«

Und so setzte sie all ihr Geld und ihre Kraft dafür ein, Kinderkrankenhäuser zu bauen, wo Kinder mit Krebs behandelt wurden. Sie konzentrierte ihr ganzes Bewusstsein und ihre Energie darauf und vergaß sich selbst dabei völlig. Sechs Monate später war sie krebsfrei, ohne irgendetwas Spezielles dafür unternommen zu haben. Die Transformation konnte geschehen, weil so viel von ihrer Energie, die vorher in ihr blockiert worden war, nun aus ihr herausfloss. Das führte zur Freisetzung von Energie und Lösung des Krebses, indem es den nach außen gerichteten Energiefluss in ihrem Körper verstärkte.

Wenn ich mit Menschen gearbeitet habe, um ihnen zu helfen, ihre finanziellen Umstände zu verbessern, war der Fokus so: Wie kannst du anderen helfen? Welche Art von Dienst(leistung) kannst du anbieten? Wie kannst du das, was du jetzt machst, verbessern? Welches neue Angebot kannst du machen, das bisher nicht besteht? Wie kannst du nach draußen gehen und Menschen helfen?

Wenn man so vorgeht, kommen die Menschen von der Angst weg, die ihre Energie beschränkt und blockiert. Sie merken, wie die Energie zu fließen beginnt und die Begeisterung wächst. Ihr Enthusiasmus nimmt zu und sie haben viel mehr Energie, als sie je gedacht hätten. Und wenn du über mehr Energie verfügst, hast du auch mehr Energie, um Einfluss auszuüben.

Das Wort für Behinderung von Energie ist *Ká ukà u*. Wenn wir uns *Ká u* ansehen, so ist das der Begriff für Furcht im Sinne von »zurückhalten.« Furcht ist ein Zurückhalten, hier von Energie. Alle Angstblockaden sind Energieblockaden. Wenn Energie zurückgehalten wird, die sich normalerweise nach vorn bewegen würde und dazu gebraucht werden könnte, etwas zu verändern, haben wir Energieblockaden. Eine Möglichkeit, sich damit auseinanderzusetzen, besteht selbstverständlich darin, dem, was du fürchtest, offen entgegenzutreten. Eine andere Möglichkeit ist, deine Ansicht darüber zu ändern. Eine weitere Alternative wäre, irgendeine Aktion zu unternehmen – entweder physisch oder mental, weil sogar mentale Bewegung, ein mentaler Fokus, Energie in Bewegung bringt.

An dieser Stelle möchte ich dir eine Methode nahebringen, die man *Ku'upau* nennt, »ungehindertes Fließen.« Es bedeutet auch, etwas abzuschließen und bezieht sich darauf, Komplexe oder Verstrickungen zu beenden, Energie freizusetzen und Dinge in eine andere Richtung fließen zu lassen. Das erinnert mich an eine Fernsehsendung, die ich kürzlich gesehen habe. Eine der Geschichten über Alexander den Großen erzählt davon, wie er nach Persien kam und den Gordischen Knoten sah. Das war ein langes Seil, das auf sehr komplexe und verzwickte Weise ineinandergeknüpft war, ähnlich wie die Seilknotenbälle der Seeleute, nur viel größer. Es hieß, dass derjenige, der den Knoten würde lösen können, zum Herrn von ganz Asien würde, aber niemand hatte ihn entwirren können. Alexander sah ihn sich kurz an, wie uns bekanntermaßen überliefert ist, zog sein Schwert heraus und schlug den Knoten entzwei. Dann machte er sich auf, Asien zu erobern, und kam immerhin bis ins heutige Nordindien. Das entspricht einer Folgerung aus dem zweiten Huna-Prinzip, die lautet »Es gibt immer noch eine andere Art und Weise, etwas zu machen.« Alexander löste den Gordischen Knoten, allerdings anders, als irgendjemand erwartet hatte.

Um dir die Praxis von Ku'upau zu zeigen, möchte ich zunächst eine andere, ziemlich ungewöhnliche Technik beschreiben. Sie heißt *Ho'opuá'i-waho-ka-mana*; ich nenne sie die »Ausstrahlungstechnik«. Die Übersetzung würde lauten, »bewirke, dass das Mana nach außen fließt.« Die Ausstrahlungstechnik ist eine Methode, um deinen Geist, dein Bewusstsein in Bewegung zu bringen. Wenn man will, könnte man sie auch als eine Form der Imagination bezeichnen. Du wirst feststellen, dass diese Technik sehr nützlich ist, wenn du körperliche Beschwerden hast, wie Kopfschmerzen, Druck auf der Brust, einen verkrampften Bauch, ein verspanntes Becken oder sonstige Schmerzen. Diese Technik bewährt sich auch, wenn du Angst hast oder dich blockiert fühlst, wenn es darum geht, vorwärts zu schreiten, eine Aktion durchzuführen, zu handeln oder sonst irgendetwas zu tun.

1. Atme tief ein – deine Augen können sich dabei schließen, damit du deinen Körper und seine Sinnesempfindungen besser spürst. Du setzt wieder deine Vorstellungskraft ein. Stell dir vor, dass du hinter deinem Bauchnabel einen Energieball hast. Wenn du daraus ein Bild machen willst, zum Beispiel ihn als Lichtball siehst, ist das in Ordnung. Falls du ihn lieber als ein Gefühl von Wärme empfindest, ist auch das gut. Wenn du vorziehst, diesen Energieball als einen Klang, eine Schwingung oder irgendetwas anderes zu erspüren, ist auch das völlig in Ordnung – solange du dir vorstellen kannst, dass du etwas spürst aus diesem Brennpunkt hinter deinem Bauchnabel.
2. Genauso, wie das Sonnenlicht von der Sonne ausstrahlt, das Kerzenlicht von der Flamme ausgeht oder Wärme von einem Kachelofen abstrahlt, stelle dir vor, dass diese Energie von deinem Nabel ausstrahlt. Stelle dir vor, dass die Ausstrahlung aus dem Inneren deines Körpers kommt und in alle Richtungen geht: nach vorne, hinten und seitwärts. Tu dein Bestes, um zu erspüren, wie diese Ausstrahlung durch dich hindurch geht. Wenn du das deutlich fühlst, kannst du den Energieball aus dem Bauchnabel verlagern, in die Mitte des Kopfes, in den Brustraum, das Becken oder an andere Stellen im Körper, die Entspannung brauchen. Das sind Stellen, an denen du Schmerzen spürst, oder Unwohlsein, oder Gefühle wie Angst oder Wut. Dabei brauchst du keinerlei Kraft einzusetzen und dich nicht irgendwie anzustrengen. Richte deine Aufmerksamkeit einfach auf die Sinneserfahrung der Ausstrahlung. Mach

das so lange, wie du magst; dann atme wieder tief ein und öffne die Augen.

3. Beachte alle Veränderungen, die sich in deinem Körper oder im Bewusstsein ergeben haben, und mach dir schriftliche Notizen, damit du später darauf zurückkommen kannst.

Manche Menschen stellen fest, wenn sie den Energieball im Körper bewegen, dass er sich an einige Stellen leichter und an andere nur sehr mühsam bewegen lässt. Das ist häufig ein Signal, dass hier eine unterdrückte Wahrnehmung von einer schwierigen Erfahrung steckt. Wenn ich von unterdrückter Wahrnehmung spreche, meine ich ein unterbewusstes Unterdrücken von Erinnerungen, die im Körper angesiedelt sind. Jeder, der schon mit Körperarbeit zu tun hatte – aktiv oder passiv – weiß was ich meine. Manchmal passiert es, wenn man bestimmte Muskelgruppen entspannt und dort Energie freisetzt, dass alle möglichen Erinnerungen auftauchen, und dann folgen Emotionen – weil Emotionen den Gedanken folgen. Wenn Erinnerungen Emotionen aufwühlen, die wir nicht mögen, unterdrückt Ku sie, indem es die Muskeln dort fest anspannt, wo die Erinnerungsmuster gespeichert sind. Damit blockiert das Ku die bewusste Wahrnehmung dieser Erinnerungen. Zumindest bis eine der hawaiianischen Techniken die Blockade löst.

Wenn du mit der schwierigen Stelle deines Körpers nett sprichst und so tust, als ob sie lebendig sei, als ob sie dir zuhören und auf dich reagieren kann, dann sag ihr, dass du alles akzeptierst, was dort geschieht und dass du diese Stelle liebst. Du wirst bemerken, wie deine Wahrnehmung dieser Körperzone zunimmt. Du wirst auch feststellen, wenn Erinnerungen dort auftauchen, dass du mit ihnen besser und bewusster umgehen und dass du deine Einstellung dazu verändern kannst.

Manchmal kommen sehr dramatische Bilder oder Empfindungen hoch, wie aus einem Vulkan, oder strahlendes weißes Licht blitzt auf. Das hängt von deiner persönlichen unterbewussten Symbolsprache ab. Das ist jedoch ein Thema für sich, das du vielleicht erforschen möchtest. Hinter solchen Ereignissen steht entweder eine persönliche Botschaft für dich oder es ist eine Form, wie das Ku Energieveränderungen zum Ausdruck bringt.

Wenn du diese Übung einmal erlernt hast, kannst du auch mit offenen Augen durchführen, sogar beim Autofahren. Die meisten Menschen können sich beim Autofahren mit jemandem unterhalten und gleichzeitig Radio hören, und sogar noch ihren eigenen Gedanken nachhängen. Viele Leute fahren sogar eine längere Strecke und erinnern sich hinterher nicht mehr an ihre Fahrt! Dein Ku kann auch mehr als eine Sache gleichzeitig tun, aber das musst du erst selbst erfahren.

Ich bin mehrfach gefragt worden, ob diese Methode auch funktioniert, wenn man sie auf andere anwendet. Das heißt also, ob sie auch wirkt, wenn man Blockaden für andere Menschen damit lösen will. Das zweite Huna-Prinzip, dass es keine Grenzen gibt, beschreibt die Auffassung, dass du mit jedem verbunden bist und jeder mit dir, weil alles miteinander verbunden ist. Wir beeinflussen laufend jeden, ob wir wollen oder nicht. Und wir werden ständig von allen beeinflusst. Ob wir es wollen und merken oder nicht. Das ist jedoch immer ein Einfluss im Sinne einer bestimmten Entsprechung.

Wenn du dich vor etwas ein kleines bisschen fürchtest, und du jemanden kennst, der sich vor demselben Thema ganz stark fürchtet, dann kann dessen Angst die deine enorm verstärken – aber nur, weil du vor derselben Sache schon etwas Angst hast. Es geht hier um Resonanz. Wenn du dich vor der betreffenden Angelegenheit gar nicht fürchtest, oder wenn du dir deiner Angst bewusst wirst und deine geistige Einstellung dazu veränderst, wird es keinen Einfluss auf dich haben.

Auf die Frage also »Kann ich das für jemanden anderen tun?« würde ich sagen »Ja, in dem Maße, wie das, was du anstrebst, mit dem übereinstimmt, was der andere möchte.« Ein Aspekt des Wesens von Ku ist, dass es sich auf Freude und Genuss zubewegt, weg von Schmerzen und Leid. Das ist seine natürliche Funktion. Es wird demnach hauptsächlich von solchen Einflüssen beeindruckt, die ihm helfen, sich in jene Richtung zu bewegen, in die es selber gehen will.

Wenn jemand Entspannung anstrebt und du dich auf ihn ausrichtest und dir vorstellst, dass er sich entspannt, dann erhält sein Ku die Hilfsbotschaft von deinem Ku und denkt, »Mensch, keine schlechte Idee. Das werde ich machen.« und kopiert diese Entspannungsbewegung. Es ist ganz wichtig zu erkennen, dass wenn du an jemanden denkst oder Segen sendest oder für ihn betest oder Energie schickst, du weder ihnen etwas »antust« noch direkt etwas für sie tust! Ihr Ku nimmt das, was du sendest und überträgt es in seine eigene Sprache und nutzt es auf seine eigene Weise.

Deshalb gilt: je positiver etwas ist, was du aussendest, desto wahrscheinlicher, dass es genutzt wird. Und wenn du dir nicht nur vorstellst, Energie auszustrahlen, sondern auch noch, wie gut sie sich anfühlt, dann hast du eine noch größere Chance, einen positiven Einfluss auszuüben. Es ist immer nur Einfluss, keine Kontrolle. Du kannst niemanden beherrschen. Du kontrollierst noch nicht einmal deinen eigenen Körper in dem Sinne, dass du ihn dazu zwingen kannst, zu tun, was du willst. Auch das ist wichtig zu wissen!

Schauen wir uns diese wichtige Aussage einmal näher an. Ich sage, dass du die Funktionen deines Körpers nicht kontrollieren kannst, und du sagst »Na sicher kann ich das. Schau: ich entscheide mich, das Buch hochzunehmen und es aufzuschlagen.« Wenn du dich entscheidest heißt das, dass du eine kurze Imagination hast, es zu tun. Dein Körper ist es, der das Buch hochnimmt, es öffnet und die Letternsymbole in etwas

Sinnvolles übersetzt. Bewusst haben wir noch nicht einmal eine schwache Ahnung davon, wie man das macht: ein Buch hochzuheben und es dann auch noch zu lesen. Du weißt nicht, welche Muskeln angespannt und welche gedehnt werden müssen, welche Nervensignale du wohin senden sollst. Die große Vielfalt von Dingen, die geschehen, wenn man sich ein Buch zum Lesen nimmt, kannst du bewusst gar nicht kennen und vollziehen. Du kannst andere Bücher lesen, die dieses Thema behandeln, bis dir schwarz vor Augen wird, und trotzdem weißt du noch nicht, wie man das macht.

Es geht darum, dass du diesen kleinen Imaginationsblitz brauchst, den du vielleicht Entscheidung nennst, und dann lässt du deinen Körper alles Notwendige durchführen. Das ist keine aktive Kontrolle, sondern Einfluss. Diese Worte hier kommen von irgendwo her und ergeben mehr oder weniger Sinn. Ich bin Psychologe und habe auch Physiologie studiert, und doch habe ich nicht die geringste Ahnung, woher diese Worte kommen. Ich trage mich mit einer Absicht, ich habe eine Vorstellung davon, was ich ausdrücken möchte, und mein wunderbares Ku marschiert los und findet all diese Worte, setzt sie zusammen und tippt sie sogar noch auf das Blatt Papier! Ich weiß immer noch nicht, wie das funktioniert – und übrigens auch kein anderer.

Aber ich kann durch meine Gedanken beeinflussen, was ich schreibe, auch durch meine Imagination. Und mein Ku liebt mich so sehr, dass es genau ausdrückt, was ich sagen möchte, solange ich mich ihm nicht in den Weg stelle. In diesem Sinn besitzen wir auch keine Kontrolle über irgendjemand anderen, aber wir können sie beeinflussen. Dieser Einfluss ist ein positiver Aspekt; je positiver wir uns zu diesem Einfluss einstellen, desto mehr werden die Menschen beeinflusst. Ja, natürlich ist es möglich, jemanden zu verängstigen – aber nur dann, wenn er bereits eine Angst in sich trägt, ein schwaches Selbstwertgefühl hat und ein niedriges Selbstvertrauen.

5. Die Kraft der Konzentration

'A'ohe wawae o ka i'a; o 'oe ka mea wawae, ki'i mai
Ein Fisch hat keine Füße; ihr, die ihr Füße habt, müsst kommen, um euch zu holen, was ihr möchtet -
Gedanken müssen durch Handlungen bekräftigt werden

Das Thema dieses Kapitels ist *Makia Mana*, die Kraft der Konzentration. Wir sprechen von der Bündelung von Aufmerksamkeit und Wahrnehmung und vom Gedanken, dass Konzentration Energie verdichtet. Wir kennen diese Idee aus der Physik: je mehr du etwas konzentrierst, desto stärker wird es verdichtet, oder je mehr du etwas bündelst, desto mehr Kraft hat es an einem Ort. Hier soll es uns jedoch nicht nur um die körperliche Ebene gehen, wie bei der Verdichtung von Dingen und Stoffen, sondern um eine mentale Ebene. Konzentration »kondensiert« Energie, und diese Verdichtung gibt der Energie eine größere Kraft, das zu beeinflussen, worauf sie gerichtet wird. Wenn es uns also darum zu tun ist, Dinge in unserem Leben zu beeinflussen und anderen zu helfen, ist Konzentration eine höchst bedeutsame Fähigkeit.

Es gibt auf Hawaii das Wort *Pahola*, das Zersplitterung oder Verzettelung bezeichnet im Sinn, Energie unnötig zu verlieren oder sinnlos abfließen zu lassen. Das ist das direkte Gegenteil von Konzentration. Das passiert zum Beispiel, wenn Menschen etwas leisten bzw. vollenden wollen, aber die Energie dafür nicht aufbringen. Dann heißt es gern, »Ja, dies hier ist eindeutig mein Ziel hier ... es sei denn, dass ich besser das dort drüben mache. Nein, ich möchte wirklich das machen ... oder sollte ich lieber jenes tun ...? «

Ein ganzes Leben kann so verstreichen, und dann ist nie genug Energie da, um ein Ziel wirklich zu erreichen. Solche Menschen realisieren vielleicht noch nicht einmal, was sie machen, weil sie subjektiv davon überzeugt sind, ihre Ziele immerzu im Auge zu behalten. Das tun sie auch – allerdings alle gleichzeitig! Und das funktioniert nicht sehr gut. Sie haben ihre Energie einfach nicht genügend verdichtet, um sie wirksam zu machen.

Das dritte Huna-Prinzip besagt, dass deine Energie dorthin fließt, wohin sich dein Bewusstsein richtet. Deine Energie, die Energie von Menschen auf derselben Wellenlänge und die Energie des Universums fließen dorthin, wohin du deine Aufmerksamkeit richtest. Wo du deinen Fokus hast, beginnen Dinge sich zu ereignen. Je länger du deine Bewusstheit gezielt auf denselben Fokus konzentrierst, desto mehr Dinge passieren. Das ist eine metaphysische Aussage, die in der Praxis funktioniert.

Deine Konzentration verursacht eine Bewegung in der Energie des Universums, die das hervorbringt, worauf du dich ausrichtest, wenn du dich ausreichend lange darauf konzentrierst. Das geht über den Verdoppelungseffekt deines Ku hinaus. In gewisser Hinsicht ist es der Verdoppelungseffekt des Ku des Universums. Das Unterbewusstsein des Universums wird auch versuchen, das zu duplizieren, worauf du deine Aufmerksamkeit fokussierst. Es passieren dann wirklich erstaunliche und magische Dinge; wir werten sie aber meist als sogenannten Zufall. Wir beachten sie meist nicht weiter, obwohl solche »zufälligen« Ereignisse uns zeigen, wie die Welt wirklich funktioniert.

Dazu ein Beispiel aus meinem Leben. In der Zeit, als es noch nicht überall Supermärkte auf unseren Inseln gab, fuhren meine Frau und ich nach Hilo, um nach einem Stuhl zu schauen. Meine Frau mit Sternzeichen Skorpion ist sehr beharrlich, wenn sie etwas im Sinn hat. Es gibt dann für sie nichts anderes mehr. Damals wollte sie einen ganz bestimmten Stuhl, der eine Fußstütze hatte. Der erste Laden auf Hilo führte solche Stühle nicht, sie gab aber nicht auf. Es gab damals zahlreiche Möbelläden, aber keiner hatte einen solchen Stuhl im Angebot. Meine Frau gab ihren Wunsch dennoch nicht auf; sie schob ihn nur zeitweise in den Hintergrund, während wir in das einzige Shopping Center gingen, das es am Ort gab, um etwas für mich zu besorgen. Wir gingen gerade durch den Haupteingang hinein, als sie meinte: »Nein, lass uns durch den Laden von Sears hineingehen.« Ich sagte: »Warum willst du denn bei Sears durchgehen, wir wollen doch dort gar nichts kaufen; lass uns doch hier durch den Haupteingang gehen.« »Ich will aber lieber bei Sears reingehen«, meinte sie. Kaum waren wir bei Sears, stolperten wir quasi über genau den Stuhl mit der Fußstütze, den sie die ganze Zeit gesucht hatte. Ohne innezuhalten ging sie geradewegs auf die Verkäuferin zu, kaufte den Stuhl und sagte ihr, wohin er geliefert werden sollte.

Wenn du darauf achtest, wirst du feststellen, dass die ganze Zeit viele Dinge passieren, wenn dir etwas Bestimmtes im Sinn liegt, oder wenn du dich für etwas ganz besonders interessierst. Du fängst an, Artikel zu diesem Thema in der Zeitung zu lesen, oder siehst Reklame, bekommst etwas dazu in der Post, jemand ruft dich in der Sache an, es kommt ein Bericht darüber im Fernsehen oder irgendwelche anderen Gelegenheiten ergeben sich, die damit zu tun haben. Die Ergebnisse können unterschiedlich überzeugend sein; das hängt vom Grad deiner gezielten Aufmerksamkeit ab – und auch davon, wie sehr du von Angst oder einer anderen Blockade gebremst bist.

Wenn du dich auf eine Million Dollar fokussierst, und dabei aber nicht auf der Ebene eines sehr hohen und klaren Vertrauens bist, sondern immer noch Zweifel hegst, dann bekommst du vielleicht statt der Million eine dieser Postsendungen, in denen steht »Herr und Frau Soundso bekommen zehn Millionen – wenn sie den ersten Preis gewinnen ...« Wenn du deine Konzentration aufrechterhältst, wirst du bekommen, was man »die ähnlichste Entsprechung« nennt. Du wirst exakt die Erfahrung machen, die du anstrebst, wenn du keinerlei Zweifel in dir trägst. In dem Maß jedoch, wie du Zweifel bzw. Angst hast, wirst du dem Universum eine unklare Botschaft senden und entsprechend gemischte Resultate erhalten. Deshalb ist die Klärung dessen, was du wirklich wünschst, und die gezielte Konzentration darauf so wichtig.

Wenn ich Berater ausbilde, bringe ich ihnen als erstes bei, die Klienten zu fragen, »Was möchtest du?« Das geht auf die alte Tradition und Einsicht zurück, dass du nicht weißt, was jemand will, bis er das nicht ausdrücklich feststellt und mitteilt. Diesen Ansatz findest du sogar in der Bibel. Im Lukas-Evangelium, Kapitel 18, Vers 35, wird eine Szene beschrieben, in der ein Blinder zu Jesus gebracht wird. Jesus fragt ihn als erstes »Was möchtest du von mir?« Obwohl das vielleicht als offensichtlich erscheint, denn er ist ja immerhin blind, macht Jesus keine eigenen Annahmen. Er wartet, bis der Mann deutlich ausspricht »Ich möchte sehend werden.«

Wenn du anderen hilfst, *frage* immer danach und *stelle genau fest*, was sie wollen. Dann kannst du ihnen helfen, das zu erreichen. Als ich eine Beratungspraxis führte, passierte es ziemlich oft, dass jemand mit einem offenkundigen körperlichen Gebrechen kam, in Wahrheit jedoch nach Hilfe bei einem emotionalen Thema suchte. Dasselbe gilt auch für dich. Geh nicht davon aus, dass irgendjemand weiß, was du möchtest. Nimm noch nicht einmal an, dass du weißt, was du selber willst, bevor du dir gegenüber das nicht selbst so klar wie nur möglich ausgedrückt hast.

So mancher hat sich zum wahren Experten für das entwickelt, was er nicht will. Sich aber zu überlegen und sich zu entscheiden, was man wirklich möchte – na, das ist für manche eine ganz neue Art, mit dem Leben umzugehen. Und doch ist das lebensnotwendig, denn sonst erkämpfst du dir nur immerzu deinen Lebensweg durch die Welt und versuchst, von dem abzurücken, was du nicht willst, und kommst dann nie irgendetwas anderem näher.

Unklare Ziele und ein zerstreutes Bewusstsein vermindern Energie und Fähigkeiten. Es muss einen Weg geben, alle Dinge zusammenzuführen.

Es gibt eine ganze Reihe von Methoden, das zu erreichen. Ich mag besonders eine, die im Kontrast zu Pahola steht, das ja Zersplitterung bedeutet, nämlich *Makaku.* Wie viele hawaiianische Worte kann es unterschiedlich gebraucht werden. Es ist ein seltenes Wort, das ich mit dem Begriff »die kreative Imagination eines Künstlers« umschreiben möchte. Aufgrund seiner Wortwurzeln, *Maka* und *ku*, könnte es auch mit »fixierte Augen« oder »Blick, der etwas anderem ähnelt« übersetzt werden. Als Technik bezeichnet es den Vorgang, dir das vorzustellen, was du möchtest. Zur Erinnerung: das Werkzeug der Imagination ist das wichtigste, was du vom Alltagsbewusstsein her besitzt. Es ist die Grundlage für alle deine anderen Fähigkeiten.

Ich schlage dir jetzt vor, eine Haipule-Übung zu machen, bei der du dich auf das konzentrierst, was du möchtest. Nimm dir etwas Großes oder Kleines vor. Auf die Frage, was du tun sollst, wenn du dich nicht entscheiden kannst, komme ich später. Betrachte die Übung jetzt als eine Art Probelauf und such dir irgendetwas aus, und sei es auch nur ein Bier oder ein neues Paar Schuhe.

1. Stell dir vor, dass die Luft um dich herum voller Energie ist (was sie ja auch ist!), und stell dir vor, dass diese Energie in deinen Körper gelangt und dein Gehirn vitalisiert, während du tief und langsam atmest.

2. Bei dieser Übung gebrauchst du Worte, jedoch in Form einer Erzählung. Wenn du diesen nächsten Schritt vollziehst, verwende Worte, um für dich selbst zu beschreiben, was du dir vorstellst. Zum Beispiel: »Da auf dem Holztisch vor mir steht ein dicker Glaskrug mit wunderbarem Bier. Ich kann das Kondenswasser auf dem Glas sehen und berühren.« Oder: »Ich sitze auf einem bequemen Stuhl und spüre, wie mein linker Fuß in einen modischen schwarzen Lederschuh schlüpft.« Benutze solche Worte, die dem entsprechen, was du dir vorstellst.
3. Ich schlage dir nun zwei Imaginationsformen vor. Du kannst beide ausprobieren, oder die, die dir spontan am besten gefällt. Die erste können wir realistisch nennen, die zweite phantastisch. Manche Menschen kommen mit beiden gut klar, und für andere funktioniert nur eine der beiden richtig. Du kannst die Augen schließen oder offen halten – wie es dir passt.
   a. Ich möchte, dass du an etwas Konkretes denkst, das du gern in deinem Leben hättest – einen Zustand, eine Sache, Situation. Benutze dabei deine ganze Vorstellungskraft mitsamt all deinen Sinnen. Imaginiere das so lebendig und so wirklich wie du nur kannst. Male dir Einzelheiten der Sache oder des Umstands aus. Benutze deine visuelle Imagination, stell dir vor, auch zu hören (Hintergrundmusik, wenn du sonst nichts hast, oder stell dir vor, dass die Person mit dir spricht, höre den Wind in den Bäumen, und so fort). Stell dir Berührung vor (deine Handhaltung, deine Füße am Boden oder auf der Erde, die warme oder kühle Temperatur, den Wind). Sprich dann Worte hörbar aus – gleich, an wen sie gerichtet sein mögen – wie: »Das ist es, was ich möchte. Danke.« Mach die Situation und deine Gefühle, während du das sagst und deine Vorstellung ausmalst, so realistisch wie möglich. Dann entspanne dich einen Moment und lass los.

b. Als Variante kommt etwas Symbolisches. Es ist wie eine Metapher für etwas anderes. Wenn du zum Beispiel eine liebevolle Beziehung möchtest, dann kannst du dir einfach vorstellen, wie sich zwei Pferde voll großer Zuneigung aneinander schmiegen. Oder du imaginierst Engel, die im Himmel miteinander spielen. Stell dir etwas rein Symbolisches vor, das sich auf einer reinen Phantasieebene abspielt. Wenn du einen Durchbruch willst, stell dir einen Durchbruch in einer Wand vor. Dein Ku wird schon verstehen, worum es dir geht. Wenn du deinen Körper verändern möchtest, konzentriere dich nicht auf den Körper, sondern stell dir stattdessen so lebendig wie möglich einen gesunden Baum oder ein gesundes Tier vor. Wenn du mehr Wohlstand willst, stell dir vor, dass dir gerade der Schlüssel zu einer Schatzhöhle gegeben wird und du jetzt dort hineingehst. Das sind nur Vorschläge. Aber tue etwas Symbolisches. Benutze deine Phantasie. Und beende diesen Teil der Übung mit derselben Intensität und mit derselben gesprochenen Botschaft wie zuvor: »Du weißt, was das bedeuten soll. Das ist es, was ich möchte. Danke!«

4. Wenn du die Intensität so hoch spürst, wie du sie nur spüren kannst, dann lass los und komm zurück. Atme tief ein, entspanne den Körper, bewege Kopf und Schultern, öffne deine Augen und führe eine Bewegung der Vollendung aus: Du kannst zum Beispiel mit den Fingern schnipsen, deine Hände falten oder dein Herz berühren.

Wenn du diese Übung der Verdichtung und Konzentration von Energie durchführst, benutzt du die schöpferische Vorstellungskraft eines Künstlers, der ein Bild malt. Dabei ist ganz wichtig, dass du nicht darauf drängst, dass es sich verwirklicht. Wenn du es mit solch einer Absicht machen würdest, dann kann dein Ku das nur so verstehen, dass es deine

Muskeln anspannt und verhärtet und körperlich versucht, vorwärtszudrängen. Wenn es nichts sonst gibt, gegen das du drängen und drücken kannst, wirst du am Ende nur dich selbst bedrängen und antreiben, und bekommst damit mehr Stress und Verspannung als Nutzen. Du würdest auf diese Weise die Energie blockieren, anstatt ihr ihren freien Fluss zu lassen. Damit diese Art von Übung wirken kann, bedarf es eines Gefühls der Losgelöstheit und des Vertrauens in das Universum. »Universum« ist mein allgemeiner Begriff für den Geist des Lebens, für Gott, für all das, was du für die Quelle allen Geschehens hältst. Ich nenne es das Universum, und egal, wie du es nennst, bist du nicht derjenige, der die Dinge geschehen lässt.

Wenn wir zu den Gedanken über Kontrolle zurückgehen: du kannst nichts von dem kontrollieren, was geschieht. Du kannst deine Imagination kontrollieren, obwohl du noch nicht einmal kontrollieren kannst, wenn du dich verspannst. Die beste Methode, deine Vorstellungskraft zu kontrollieren besteht darin, deinen Körper entspannt zu halten. Es geht also, anders gesagt, bei dieser Übung darum, mehr als nur ein Bild zu erschaffen, sondern ein Erleben, ein imaginäres Erleben jedoch, und das dann loszulassen. Deshalb heißt es: »Dies möchte ich. Danke!« Du bist nicht derjenige, der es tut. »Dieses Bild präsentiere ich dir, liebes Universum – mach es real.« Je stimmiger es in sich ist, je sinnvoller und nützlicher es ist, desto besser funktioniert es.

Es hört aber völlig auf zu wirken, wenn du denkst, dass das Bild oder du selbst etwas bewirken würden. Das Bild bewirkt nur zweierlei: Es hilft dir, deine Erwartungshaltung zu verstärken, und das ist am wichtigsten. Und es hilft auch dem Universum, klar mit dem Energiemuster zu arbeiten, welches du ihm gibst. Falls du nur ein verschwommenes Bild siehst, bekommst du auch unklare Ergebnisse. Das heißt nicht, dass dein vorgestellter Wunsch so schön und scharf wie ein hochauflösendes Fernsehbild aussehen müsste. Vielmehr bedeutet es, dass die Resultate, die du bekommst, umso eindeutiger sind, je deutlicher deine Vorstellung aussieht.

Du solltest nicht nur während dieser Übungen, sondern auch sonst im Leben die Dinge so klar wie möglich machen. Das ist indes ein Entwicklungsprozess. Du kannst ein anderes Bild nehmen. Du kannst dein Bild verändern. Je drastischer du es änderst, desto länger dauert es allerdings, etwas anderes neu aufzubauen. Energie funktioniert auf der mentalen Ebene genauso wie auf der physischen, indem es dem Prinzip des Impulses, der Bewegung folgt. Impuls heißt, dass sich Energie solange in eine bestimmte Richtung bewegt, wenn sie einmal von einer äußeren Kraft angestoßen wurde. Wenn du einmal anfängst, Energie anzustoßen, wird sie sich immer in dieselbe Richtung bewegen, wenn sich ihr nichts in den Weg stellt. Angst und Zweifel wären solche Hindernisse, die sich in ihren Weg stellen können und sie zersplittern. Und eine plötzliche Veränderung in der Ausrichtung der Energie ist so, wie wenn du auf der Autobahn plötzlich und schnell den Wagen nach links oder rechts reißt: es wird einen Widerstand gegen eine abrupte Richtungsänderung geben. Das bedeutet nicht, dass es falsch sein müsste, die Richtung zu ändern, die Fahrt wird damit einfach erst einmal langsamer.

Der Gedanke der Klärung des eigenen Wunsches ist so bedeutsam, dass ich mich inspiriert fühle, eine alte Geschichte von meinem metaphysischen Lieblingslehrer zu erzählen, dem Pfarrer Ike Eikenkrotter. Eines Tages hörte Pfarrer Ike eines seiner Pfarrmitglieder beten »Bitte Gott, schenk mir einen Cadillac.« Pfarrer Ike war ziemlich verstimmt und fragte »Was machst du denn da?« »Ich bete zu Gott, dass er mir einen Cadillac schenkt.« »Das brauchst du doch gar nicht«, sagte Ike, »Gott hat schon Tausende von Cadillacs erschaffen. Detroit ist voll davon. Du musst ihn doch gar nicht erst um einen Cadillac bitten. Du brauchst dich doch nur davon zu überzeugen, dass du dir selber einen leisten kannst.«

Das ist der Punkt, an dem die echte Macht angewandt werden muss. Bei dieser Art von Übungen geht es hauptsächlich darum, dass du an dir selber arbeitest und dich selbst überzeugst. Das Universum reagiert in Wahrheit nicht auf deine Bilder oder Wünsche, sondern auf deine Erwartungen.

Enttäuschungen

Passiert es dir manchmal, dass du Erwartungen aufbaust, aber deine Enttäuschung gleich mit einbaust? Wäre es nicht besser, wie manche spirituellen Lehrer sagen, keinerlei Erwartungen zu hegen?

Na ja, zuerst müssen wir Enttäuschung einmal definieren. Das Gefühl der Enttäuschung ist das, was du spürst, wenn du dich entschlossen hast, das, was geschehen ist, nicht zu mögen. Das ist aber auch schon alles, was es mit Enttäuschung auf sich hat. Denken wir darüber nach, was das bedeutet: Solltest du irgendetwas nicht tun, weil du Angst hast, das Resultat nicht zu mögen? Das macht doch nicht viel Sinn, oder? Dich zu entschließen, nicht zu handeln, weil du danach enttäuscht bist, klingt so, wie wenn du dich entscheidest, nicht zu essen, weil du hinterher vielleicht wieder Hunger bekommst. Stimmt: wenn du eine Weile nichts isst, wirst du vielleicht hungrig. Und dann kannst du dich beklagen und beschweren, oder du kannst dir etwas zu essen holen.

Es ist, als ob jemand zum Beispiel ein besonderes Talent hat und vielleicht als Holzschnitzer arbeitet. Du schnitzt also an einer Figur, du rutschst ab und machst einen Fehler und die Figur lässt sich jetzt nicht mehr wie geplant fertigstellen. Was sagst du zu dir? »Na, dann muss ich daraus eine andere Figur schnitzen.« Oder du erkennst: »Mensch, das geht so nicht«, und dann stellst du diese Figur beiseite und holst ein neues Stück Holz, das vielleicht etwas weicher ist. Oder sagst du »Na so was, es ist überhaupt nicht so rausgekommen, wie ich wollte«, und dann wirfst du dein Schnitzmesser weg und stampfst mit den Füßen auf den Boden. Ein temperamentvoller Künstler macht das unter Umständen, aber ein produktiver Künstler macht das nicht sehr oft! Wenn du erfolgreich sein willst und etwas sich nicht so ergibt, wie du es möchtest, dann erkennst du, das du etwas anders machen musst.

Manche Menschen versuchen ihren Stress damit, die Zukunft nicht kontrollieren zu können, dadurch loszuwerden, dass sie behaupten, sie hätten keine Erwartungen oder sie seien »offen« für das, was käme – was auf dasselbe hinausläuft. Wenn wir keine Erwartungen hegen oder »offen« sind, schwimmen wir mit dem Strom des Lebens und gelangen dorthin, wohin uns Wind und Wellen tragen. Es ist durchaus möglich, auf diese Weise tief spirituell zu leben – ich bin aber einer ganzen Menge mehr Treibholz begegnet, das so lebt, als spirituellen Vorbildern. Um kein Missverständnis aufkommen zu lassen: ich verurteile ein Treibholzleben nicht. Ich habe einfach mehr Interesse an Menschen mit Zielen.

Wenn wir uns enttäuscht fühlen, dann lass uns innehalten, die Dinge überdenken, uns erneut klären, Ängste und Zweifel beseitigen, die Energie wieder in Fluss bringen, und noch einmal neu anfangen. Es ist möglich, ein Leben ohne spezielle Erwartungen auf normale Weise zu führen, solange du in der Gegenwart lebst. Wenn du jedoch im Augenblick mit großer Liebe und voller Vertrauen lebst, dann ist das bereits eine Form von Erwartungshaltung. Du erwartest, dass sich die Welt um dich kümmert, dass die Dinge klappen, und dass alles, was geschieht, eine gute Seite haben wird, die du nutzen kannst. Wenn du so lebst, ist das eine sehr positive Erwartungshaltung. Deine Erwartungen müssen sich also nicht notwendigerweise auf die fernere Zukunft beziehen, sondern können in deiner Lebenseinstellung liegen. Manche Menschen führen ein wunderbares Leben, indem sie es dem Universum überlassen, die Details zu liefern. Andere haben eine solche Natur, dass sie, wenn sie etwas möchten, nur ein bestimmtes Gefühl der sicheren Erwartung in der Gegenwart erzeugen – so wie jemand, der einfach weiß, dass er Glück hat und es verdient und auch nichts Besonderes unternehmen muss, um es zu erhalten. Das ist wieder eine andere Lebenseinstellung, und du kannst sie auch ausprobieren. Du wirst schon wissen, ob sie für dich stimmt. Falls sie das tut, funktioniert sie nämlich.

Mehrfachziele

Können wir mehrere unterschiedliche Ziele für die verschiedenen Facetten unseres Lebens haben, oder müssen wir zu einer Zeit immer nur an einem Ziel arbeiten?

Das kommt ganz auf deinen Geist an, auf dein Alltagsbewusstsein, und wie viel das bewältigen kann. Dein Unterbewusstsein und das Universum können beide eine praktisch unendliche Menge an Dingen bewältigen. In diesem Augenblick zum Beispiel steuert dein Unterbewusstsein die Funktion deines Herzens, es hält das Nervensystem aufrecht, verdaut deine Nahrung, baut deine Muskeln auf, reißt zahlreiche Zellen ab, spült Abfall aus, organisiert die Entstehung, Ernährung, Reparatur und den Ersatz von Milliarden von Zellen, und so fort, ohne dass es deshalb außer Atem gerät.

Du wirst dein Unterbewusstein nicht überlasten, es sei denn, dass du auf eine Weise denkst, die Angst oder Wut erzeugt. Im allgemeinen funktioniert es für dein normales Bewusstsein besser, wenn du deine Ziele in Dreier- oder Vierergruppen aufteilen kannst. Die Psychologie ist der Ansicht, dass der Normalmensch in der Lage sein sollte, bis zu sieben Dinge gleichzeitig zu handhaben – aber das ist schon eine ganz schöne Belastung. Die meisten Menschen scheinen mit höchstens drei oder vier Dingen besser klar zu kommen – und das schließt auch andere Menschen ein. Eine Möglichkeit ist, die Lebensbereiche zu benennen und sie zum Beispiel so aufzuteilen: »Okay, hier sind meine Hauptziele: Gesundheit, Wohlstand, Erfüllung und Erfolg.« Und dann unterteilst du weiter, zum Beispiel so: »In der Gesundheit kümmere ich mich um dies und jenes. Beim Wohlstand möchte ich dies, das und jenes«, und so weiter. Das Alltagsbewusstsein liebt diese Art von Struktur, und es wird dir dann helfen, dich besser an diese Dinge zu erinnern. Du kannst so viele Ziele haben, wie du möchtest; wenn du sie aber richtig organisierst, erinnerst du dich leichter an sie und verlierst sie nicht zu stark aus den Augen. Das ist nur ein Vorschlag, der aber ganz gut funktioniert.

Ein anderer Vorschlag ist, dass du dich für ein einziges, übergeordnetes Ziel entscheidest und alles andere dort einbaust. Das funktioniert auch sehr gut. Nimm an, du sagst »Mein Hauptziel ist, dass ich ein Heiler werde.« Von da an ordnest du dein Leben so, dass alles diesem Ziel dient. Du fängst vielleicht damit an, ein Heiler-Seminar zu besuchen, du richtest dich darauf aus, ein Auto zu haben, damit du mehr Menschen aufsuchen kannst, denen du Heilung angedeihen lassen möchtest, und du kümmerst dich darum, einen Fernseher zu bekommen, um dich ab und zu zu entspannen – weil ein entspannter Heiler ein besserer Heiler ist. So geht es also auch.

6. In der Mitte sein

Nojo ka mana I keia manawa
Kraft liegt in diesem Augenblick

Das vierte Huna-Prinzip besagt, dass der Moment der Macht jetzt besteht. Manawa ist ein Wort, der ganz allgemein mit Zeit zu tun hat. Seine Wurzeln sind *Mana* und *wa*, was man als »Zeit der Kraft« übertragen kann. Als ich anfing, das Huna-Wissen zu erlernen, hatte ich Mühe mit diesem Begriff, weil ich nicht die Verbindung zum gegenwärtigen Augenblick herstellte. Dann wurde mir klar, dass es in der ursprünglichen Sprache von Hawaii weder Vergangenheit noch Zukunft gibt. Alles, was passiert, geschieht in Beziehung zum Augenblick jetzt, als beendet, gerade sich ereignend oder noch nicht abgeschlossen. Deshalb ist in der hawaiianischen Sprache alles Gegenwart. Noch zwei weitere Bedeutungen wurden mir beigebracht. Eine weitere ist, dass Manawa auch »Zuneigung, Gefühle, Emotionen« bezeichnet, die nur im gegenwärtigen Moment stattfinden. Und die dritte Bedeutung des Wortes ist »Fontanelle«, also der Teil des Kopfes, an dem die Schädelknochen zusammenwachsen. Symbolisch betrachtet ist das also deine Verbindung zum Spirit im Jetzt.

Als Zeit der Kraft ist der Augenblick der Gegenwart der einzige Ort bzw. Zeitpunkt, wo bzw. wann wir wirksam handeln können und Energie sammeln, verstärken und auf unsere Ziele ausrichten können. Das können wir weder in der Vergangenheit noch in der Zukunft, sondern nur immer in der jeweiligen Gegenwart. Probiere einmal das folgende Experiment:

1. Finde einen ziemlich schweren Gegenstand, etwas, das du nur mit Mühe heben kannst, wie einen großen Kristall oder einen schweren Stuhl.
2. Denke dann zuerst an etwas, was du in der Vergangenheit getan hast, und zwar so deutlich wie möglich, sei es gestern oder noch früher. Dann hebe den schweren Gegenstand – aber ohne ihn direkt anzusehen – hoch und spüre, wie schwer er sich anfühlt. Setze ihn wieder ab.
3. Denke als nächstes an etwas, das du morgen oder noch später vorhast. Hebe den Gegenstand wieder hoch, ohne ihn anzusehen, spüre, wie schwer er wirkt, und setze ihn wieder ab.
4. Schließlich legst du deine Hände auf den Gegenstand und fühlst sein Material und seine Temperatur und schaust dir jetzt genau die Einzelheiten seiner Gestalt, Lage und Farbe an. Dann nimm ihn hoch und spüre wieder, wie schwer er wirkt. Falls deine Konzentration bei allen drei Versuchen gut war, wirst du ihn jetzt ganz leicht viel höher heben können.
5. Ach ja, vergiss nicht, ihn wieder abzusetzen.

Je mehr wir lernen können, dass sich unsere Sinne im Moment der Gegenwart entfalten, desto leichter wird es uns fallen, die Energien um uns herum physisch, mental und emotional zu beeinflussen.

Physische Präsenz

Wenn du deine Aufmerksamkeit ganz in die Gegenwart bringst, kannst du körperlich mehr leisten, bei geringerer Anstrengung. Du kannst dann schneller und weiter laufen, dich in Ruhepausen rascher erholen, und schwere Dinge leichter heben. Du wirst besser sehen und hören und wirksamer atmen. Dein Geruchssinn wird sensibler und sogar dein Essen wird besser schmecken. Alle deine Sinne werden durch die Ausrichtung auf den gegenwärtigen Augenblick verbessert und alles, was du für deinen Körper tust, wird zu besseren Ergebnissen führen. Mit der Konzentration auf die Gegenwart wird sogar eine einfache Übung mehr für dich bewirken als eine energische Übungsreihe, während derer deine Aufmerksamkeit ganz woanders ist. Hier ist eine sehr einfache Übung, die du fast immer durchführen kannst; ich nenne sie die »Schamanen-Wippe«.

- Stehe aufrecht mit den Füßen auf einer Linie mit deinen Schultern.
- Wippe auf den Fußballen ungefähr 30 Sekunden auf und ab.
- Halte inne und spüre, was du fühlst. Im allgemeinen spüren die Menschen ein Kribbeln oder feine Energieströme im Körper, und sie fangen auch an, tiefer und leichter zu atmen.

Diese Übung hilft auch, wenn du geistig arbeitest und eine Pause brauchst.

Emotionale Präsenz

Zwei wichtige Vorteile, mehr im Moment zu leben, sind emotionale Ruhe und ein stärkeres Charisma.

Es gibt zwei Dinge, die uns emotional mehr als alles andere stören: die Vergangenheit und die Zukunft. Fast unsere ganze Angst rührt von Erinnerungen an frühere Schmerzen oder Gefahr her und davon, dass wir sie uns nun als eine zukünftige Möglichkeit vorstellen. Und fast unsere ganze Wut stammt aus Erinnerungen an Unrecht, das uns früher geschehen ist, und das wir nun ebenfalls in die Zukunft projizieren. Wahrscheinlich werden 90 Prozent unserer Gegenwart nichts enthalten, wovor wir uns fürchten oder worüber wir ärgerlich sein müssten. Doch kann ein einziges kleines Ereignis, das mit Angst oder Wut zu tun hat, unsere Erinnerung viel größerer Zeitspannen färben.

Ich kenne Leute, die sich an einen ganzen Urlaubsmonat als eine einzige Katastrophe erinnern, weil sie an einem Tag einer bestimmten Person begegnet sind, die sie eine Stunde lang aufgeregt hat. Natürlich würden sie nie mehr an denselben Urlaubsort fahren, weil wieder eine Person auftauchen könnte, die sie zutiefst verärgert, auch wenn der gesamte restliche Urlaub absolut in Ordnung wäre. Einer meiner Freunde, der schon Zigtausende von Meilen im Flugzeug geflogen war, machte einmal eine schlimme Erfahrung auf einem Kurzflug in einem kleinen Flugzeug und schwor sich danach, nie wieder zu fliegen. Anstatt sich an all die Male zu erinnern, als er sehr sicher geflogen war, blockierte er sein Bewusstsein in der kurzen Zeitspanne, als er fast zu sterben glaubte und projizierte diese Angst nun auf jeden zukünftig möglichen Flug.

Wenn du jedoch voll und ganz im Augenblick konzentriert bist, denkst du weder an die Vergangenheit noch sorgst du dich um die Zukunft. Außer, wenn du gerade jetzt eine traumatische Situation durchlebst, gibt es im Moment nichts, das dich ängstlich oder wütend machen kann. Also entspannt sich dein Körper, deine Emotionen beruhigen sich und dein Verstand wird klar.

Es gibt natürlich Zeiten, in denen wir Erinnerungen wachrufen, und es gibt selbstverständlich auch Zeiten, in denen wir an die Zukunft denken müssen. Aber es gibt auch solche Zeiten, in denen wir nur mit uns selbst und der Welt um uns herum in Frieden sein sollten. Die nächste Übung ist eine einfache Technik, die *I 'ano* genannt wird, was man mit »Hiersein« übersetzen könnte.

1. Schau dich um und sieh dir die Farben an. Mache dir nacheinander alles bewusst, was weiß ist, dann alles was rot,

orange, grün, blau, violett und schwarz ist. Schau dir dann alle geraden Linien an, danach alle gekrümmten. Betrachte am Ende die Gestalt der Dinge und wie sie zueinander im Raum in Beziehung stehen.

2. Lausche auf alle Töne, Geräusche und Klänge; zuerst auf die hohen, dann auf die tiefen. Während du hörst, wirst du vermutlich feststellen, dass du viel mehr Töne wahrnimmst als vor der Übung. Lausche dann erneut allen Tönen und werde gewahr, wie manche Geräusche oder Klänge, die zunächst wie ein Ton klingen, aus mehreren Tönen bestehen.
3. Berühre Dinge. Spüre ihre Form, ihre jeweilige Weichheit oder Härte, ihr Material, ihre unterschiedliche Wärme, ihre Flexibilität, ihr Gewicht.
4. Geh zwischen diesen drei Sinnen hin und her, solange du magst. Wenn du willst, kannst du noch Geruch und Geschmack dazunehmen.

Manche finden diese Übung leicht und lustig, weil sie daran gewöhnt sind, in der Gegenwart zu sein. Andere finden sie leicht und langweilig und machen sie nicht lange, weil sie inneren Regeln folgen, die sagen, dass eine solche Beschäftigung weder sinnvoll noch interessant ist. Wieder andere finden die Übung ziemlich beunruhigend, vielleicht sogar ärgerlich oder leidvoll, weil sie automatisch in unangenehme Erinnerungen geraten, in denen Sinneswahrnehmung mit Schmerzen assoziiert wird. Schließlich wird es Menschen geben, welche diese Übung faszinierend und anregend finden, weil sie noch nie daran gedacht haben, so etwas zu machen. Aber alle, die lang und oft genug diese Übung durchführen, werden drei Dinge entdecken: Stress und Spannung, die sie vorher noch nicht einmal bewusst gespürt hatten, wird losgelassen; sie fühlen sich energiegeladener, vitaler und wohler; ihre Sinneswahrnehmung der Welt verändert sich und damit auch die Art und Weise, wie sie die Welt erleben.

Charisma ist eine weitere Folge, in der Gegenwart präsenter zu sein. Charisma kann man so definieren: Es ist eine besondere spirituelle Kraft oder persönliche Eigenschaft, die einer Person Einfluss oder Autorität über viele andere Menschen verleiht. In Wahrheit ist Charisma ein Produkt der Stärke deines emotionalen Energiefeldes. Eine charismatische Persönlichkeit ist meist ein Mensch, der eine ungewöhnliche, umfassende und tiefreichende Sinneswahrnehmung besitzt. Häufig, aber nicht immer, sind solche Menschen emotional sehr ausdrucksstark. Oft wissen sie gar nicht, warum andere so stark auf ihre Präsenz reagieren, und manchmal mögen sie das auch nicht und wissen nicht, wie sie damit umgehen sollen.

Alles, was unbewusst geschehen kann, kann man auch bewusst machen – wenn man weiß, wie das geht. Du kannst dein Charisma vergrößern bzw. stärken, indem du deine Sinneswahrnehmung deutlich verbesserst und indem du in sehr guter Laune oder Verfassung bist. Dazu ein Experiment:

- Führe die Übung zur Sinneswahrnehmung durch, wie vorher beschrieben.
- Fühl dich mit dir selbst und deiner Umwelt so wohl, wie es dir möglich ist.
- Geh nach draußen unter Leute, bleibe präsent und fühle dich gut.
- Achte darauf, wie andere Menschen auf dich reagieren.

Ich kann dir keine Garantien geben, wie die Leute auf dich reagieren. Aber das Maß, in dem du dich wohlfühlst und in der Gegenwart bist, bestimmt meist, wie viele Menschen mehr dich anlächeln und dich grüßen, oder in irgendeiner Weise behilflich sind. Meiner Frau und ich hatten einmal gerade eine längere Reise nach Europa angetreten, als wir auf dem ersten Umsteigeflughafen entdecken mussten, dass unser gesamter Reiseplan mit allen Reservierungen, Upgrade-Sitzplätzen und so fort aus dem Computer der Fluglinie verschwunden war. Die Frau am Schalter war nicht gerade in guter Stimmung und offensichtlich nicht bereit, wirklich etwas für uns zu tun. Wir, meine Frau und ich, versetzten uns umgehend in eine wache Präsenz, bedankten uns für jeden winzigen Fortschritt, den die Frau am Schalter für uns machte, und lobten still sowohl sie wie uns gegenseitig und all das Gute, das wir um uns herum sehen konnten. Und wir entschieden uns in diesem Augenblick auch – ohne jede sachliche Grundlage – dass sich alles zum Besten wenden würde.

Wir erlaubten keinem einzigen Gedanken in unserem Geist und keinem einzigen Wort in unserem Mund zu entstehen, die einen Vorwurf oder eine Sorge zum Inhalt gehabt hätten. Die Wirkung von all dem bestand darin, dass die Frau mehr und mehr unternahm, um uns zu helfen. Sie betrachtete unser Problem schließlich als eine persönliche Herausforderung für sich, die sie bestehen wollte. Schließlich hatte sie unsere gesamte Reise rekonstruiert, mit höheren Upgrades, als wir sie ursprünglich hatten, und sie schien ehrlich glücklich zu sein, dass auch wir uns sehr freuten. Am wichtigsten in diesem Beispiel ist, dass wir nichts unternommen hatten, um sie zu beeinflussen. Wir wurden einfach persönlich sehr präsent in allerbester Stimmung, und darauf hatte sie reagiert. Gutes Charisma kann wirklich in vielen Situationen hilfreich sein.

Mentale Präsenz

Wenn du mental sehr präsent bist, passieren wieder drei Dinge: du bekommst mehr mit; du stellst schneller Zusammenhänge her zwischen den Dingen, die du entdeckst; deine Intuition vergrößert sich.

Es ist ziemlich erstaunlich, wie viele Menschen durchs Leben gehen, ohne viel mitzubekommen. Die Ursache ist meistens, dass sie in ihren eigenen Gedanken an die Vergangenheit, die Zukunft oder sonst wo versunken sind. Wenn du bewusster erlebst, was um dich herum ist, wird das Leben zu einer erfüllteren Erfahrung. Ja, es ist schön, anzuhalten, um den Duft der Rosen wahrzunehmen – aber es gibt noch so viel mehr zu erfahren und zu lernen. Dinge wahrzunehmen ist auch deshalb nützlich, weil du damit Gefahren und Probleme vermeiden kannst, ohne Angst dafür einsetzen zu müssen.

Während einer bestimmten Phase stieß ich so häufig mit meinen Zehen irgendwo an, dass ich beschloss, den Grund genau zu erforschen. Ich überlegte mir, dass sich mein Körper immerhin seiner Umgebung bewusst war und sehr wohl Stühlen, Tischen und Felsbrocken aus dem Weg gehen konnte, sogar ohne meine ausdrückliche Hilfe. Diese Fähigkeit meines Körpers zeigte sich auch darin, dass ich praktiziert hatte, über steinige Felder zu laufen, ohne auf den Weg zu achten und ohne zu stolpern. Und immerhin konnte mein Körper auch durch den dichtesten Autoverkehr fahren, obwohl ich in Gedanken woanders war. Warum also stieß ich mir die Zehen an?

Im Verlaufe meiner Beobachtungen bemerkte ich, dass ich meine Zehen nur anstieß, wenn ich über etwas Bestimmtes auf eine gewisse Weise nachdachte. Es passierte nur, wenn ich mich daran erinnerte oder mir vorstellte, in eine andere Richtung zu gehen als die, in die ich gerade ging. Mein liebevolles Ku versuchte, meine Gedanken zu kopieren und bewegte mich in die Richtung meines mentalen Weges und ließ dabei meine derzeitige physische Umgebung völlig außer Acht. Das führte häufig dazu, dass ich mir die Zehen an irgendeinem Hindernis im Weg anstieß. Seit dieser Entdeckung passiert mir das viel seltener, und ich werde auch nie mehr wütend über mich selbst, wenn ich doch anstoße. Ich führe einfach die »Wiederholungstechnik« aus (siehe »Der Stadtschamane«) und nehme den Vorfall als eine Erinnerung an, präsenter zu werden.

Die Fähigkeit, Zusammenhänge zwischen dem gegenwärtigen Erleben und der gegenwärtigen Weisheit herzustellen, ist besonders nützlich. Es ist eine Sache, etwas zu bemerken. Es bedeutet schon mehr, das was du erlebst so zu deuten, dass es dir Weisheit und nicht nur Information bringt. Der Charakter eines Sherlock Holmes ist das Modell für diese Fertigkeit, aber jeder Detektiv in jedem beliebigen Bereich macht dasselbe. Das ist eine der nützlichsten Fähigkeiten, die man überhaupt erlernen kann.

Vor kurzem habe ich eine E-Mail mit einem Gedicht bekommen, das dieses Thema behandelt. Ich hatte es nicht abgespeichert, später aber mal danach gesucht und inzwischen ein halbes Dutzend Fassungen gefunden – alle ohne Angabe eines Autors. Wer immer auch dieses Gedicht schrieb: ich wünsche ihm oder ihr alles Gute und bedanke mich. Hier ist die bestmögliche Rekonstruktion der ersten Fassung, die ich gelesen hatte:

Tag 1
Ich ging die Straße entlang. Sie hatte ein großes Loch. Ich sah es nicht und fiel hinein. Es hat lange gedauert, bis ich wieder herauskam. Es war nicht meine Schuld.

Tag 2
Ich ging die Straße entlang. Das große Loch war immer noch da. Ich sah es, fiel aber trotzdem hinein. Es dauerte lange, bis ich wieder draußen war. Es war meine Schuld.

Tag 3
Ich ging die Straße entlang. Da war ein großes Loch. Ich ging um das Loch herum.

Tag 4
Ich ging eine andere Straße entlang.

Der vielleicht größte Vorteil mentaler Präsenz ist verstärkte Intuition. Immer wenn du deine volle Konzentration auf etwas richtest, an dem du großes Interesse hast, werden Energiekanäle zwischen dem Objekt deiner Aufmerksamkeit geöffnet, verwandten Erinnerungen, Dingen, die damit im Zusammenhang stehen und den Kus anderer Menschen, die entweder Kenntnisse oder Interesse an derselben Sache haben wie du. Dann beginnt in diesen Kanälen Information zu fließen, so wie Radio- oder Fernsehinhalte auf den Wellen der entsprechenden elektromagnetischen Trägerfrequenzen fließen. Das geschieht häufig ganz spontan, wenn dein Fokus klar ist, aber es passiert auch oft genug schon dann, wenn du einfach etwas wissen möchtest und dich noch gar nicht richtig darauf konzentriert hast, es herauszufinden.

Es geschieht sogar manchmal, ohne dass man bewusst im gegenwärtigen Augenblick präsent ist. Ich habe einmal ein Buch über Atlantis geschrieben (das bisher unveröffentlicht ist), die Grundlage dafür war ein Traum. Je mehr ich über die Geschichte nachdachte, desto mehr Details tauchten in meinem Geist auf, die nicht Teil des Traums gewesen waren. Aus der Erfahrung anderer Schriftsteller weiß ich, dass so etwas immer wieder geschieht, auch bei Sachbuchautoren. Es passiert jedoch auch, wenn man ein sachbezogenes Problem lösen möchte. In dem Maße, wie du klar auf das gegenwärtige Problem konzentriert bist, vollzieht sich – wenn Wissen und Logik versagen oder nicht zu Ergebnissen führen – ein plötzlicher Quantensprung des »Erkennens ohne zu wissen« bzw. völlig unerwartet taucht eine Hilfe auf.

Ich musste einmal in einer Notsituation eine Verbindung zwischen zwei Computern in meinem Heimbüro herstellen und hatte kein genügend langes Kabel. Aus einem Impuls heraus ging ich in die Garage und schaute in eine bestimmte Kiste, in die ich lange Zeit nicht mehr hineingesehen hatte. Schon hatte ich ein überlanges Kabel aus meinem früheren

Büro in der Hand. Da ich mich daran nicht bewusst erinnert hatte, musste mein Ku mich dorthin geführt haben.

Wenn ich mal wieder meine ziemlich unordentliche Bibliothek organisieren muss, setze ich mich hin, fokussiere mich mit voller Absicht und Bewusstheit auf die Gegenwart, und von irgendwo her im Jenseits aus dem Gedächtnis meines Ku taucht ein Plan auf, wie ich am besten vorgehen sollte. Wenn ich eine Workshop-Tour an einem freien Wochenende plane, konzentriere ich mich ganz auf das Hier und Jetzt und irgend jemand sendet mir eine E-Mail mit einem Vorschlag. Die Einsatzmöglichkeiten dieses Phänomens sind endlos.

Zugang zu noch mehr Energie

Wenn man bewusster in der Gegenwart lebt, gibt das bereits mehr Energie. Wir können indes unsere Energie weit über das normale konzentrierte Potenzial hinaus verstärken und unser Potenzial durch regelmäßige Übungen vergrößern, genau so wie man eine andere Fertigkeit erlernen kann. Als ich Skifahren lernte, fiel ich am Anfängerhügel immer wieder auf die Nase, aber mit Übung stellte sich Vertrauen und Erfahrung ein, und bald konnte ich auf den schwierigeren Hängen ganz gut mithalten. Mein Potenzial hat sich weit über das hinaus entwickelt, womit ich begonnen hatte. Dasselbe passiert mit Energieübungen.

Wir können auf verschiedene Weise lernen, wie wir aus unserer Umgebung Energie aufnehmen, um unser Mana zu verstärken: aus natürlichen Quellen, aus organisierten und aus selbsterzeugten Quellen. Obwohl ich das Wort »aufnehmen« oder »absorbieren« verwende, ist es doch eher ein »induzieren«. Induktion ist ein Begriff aus der Naturwissenschaft, der einen Prozess beschreibt, in dessen Verlauf das elektromagnetische Feld eines Objektes die Erzeugung eines ähnlichen Feldes bei einem Nachbarobjekt hervorrufen oder eben »induzieren« kann, ohne es zu berühren. Manchmal lassen sich naturwissenschaftliche Erkenntnisse über Energieprozesse auf menschliche Energie übertragen. Die einfachste Methode, den Induktionseffekt zu demonstrieren besteht darin, eine fluoreszierende Röhre, die mit einer Stromquelle verbunden ist, neben eine Röhre zu halten, die keinerlei elektrische Verbindungskabel besitzt. Wenn die nicht verbundene Röhre dann aufleuchtet, sieht das wie Zauberei aus.

Man kann diesen Effekt auch mit menschlicher Energie demonstrieren, wenn man einen »Muskelmesser« benutzt. Das ist ein einfaches mechanisches Instrument, das auf einer Anzeige über zwei Handgriffen, die man zusammendrückt, anzeigt, wie viel Druck man ausübt. In den 80er-Jahren habe ich an der Universität von Kalifornien an Laborexperimenten teilgenommen. Dabei hielten mehrere Testpersonen in Doppelblindstudien entweder neutrale oder energetisierte Objekte in einer Faust, während ihre Handgriffstärke der anderen Faust gemessen wurde. Die Resultate waren immer gleichbleibend. Die Muskelkraft nahm deutlich und signifikant jedes Mal zu, wenn die Testpersonen ein energetisch aufgeladenes Objekt in der freien Hand hielten, und es zeigte sich keinerlei Veränderung bzw. Verbesserung, wenn sie nur ein neutrales Objekt hielten. Das passierte sogar dann, wenn sie das energetisierte Objekt erst beim dritten Testdurchgang in der Hand hielten, wenn man sinnvoller Weise davon hätte ausgehen müssen, dass die Muskelkraft schon aufgrund der Ermüdung nachgelassen hätte. Das Energiefeld des energetisch aufgeladenen Objektes induzierte eine Verstärkung des Energiefeldes der Versuchsperson und verstärkte dabei als Nebeneffekt auch die Muskelkraft.

Überall auf der Erde haben verschiedene Kulturen zu unterschiedlichen Zeiten an unterschiedlichen Orten jeweils Plätze gefunden, wo die natürliche Energie höher ist als anderswo. Die Menschen dieser Kulturen haben solche Kraftplätze oft als Orte der Heilung und Magie genutzt (was lediglich bedeutet, ihre Gedanken über etwas zu verstärken, was sie erreichen wollten).

Auf Hawaii gibt es einen Platz, der *Pu'u Loa* genannt wird, was man üblicherweise mit »Langer Hügel« übersetzt, aber in Wahrheit »starke Sehnsucht« heißt (es gibt da auch gar keinen Hügel). Eine besondere Gruppe von Menschen benutzte früher diesen Ort, um magische Symbole, sogenannte Petroglyphen, in den Lavafelsen zu ritzen, um auf diese Weise ihre Wünsche zu fokussieren und das Gewünschte zu manifestieren. Es gibt in der Umgebung eine Menge von Plätzen, deren Oberfläche genauso aussieht – aber nur dieser Ort wurde dafür genutzt.

In Krakau gibt es einen Hügel mit einem Schloss und einem großen Hof. In einer Ecke des Hofes ist ein langer, dunkler Fleck zu erkennen, der von Abertausenden von Menschen verursacht worden ist, die im Verlauf der Jahrhunderte hierher gekommen sind und sich gegen die Wand gelehnt haben, um heilende Energie zu »absorbieren«, die aus einem großen Felsen unterhalb der Erde ausstrahlen soll. Als ich da war, sah ich ganze Busladungen von Menschen ankommen, um sich aufzuladen.

Es existieren zahlreiche solcher Orte in vielen Ländern. Wenn du die Gelegenheit bekommst, an einen derartigen Ort zu fahren, kannst du dessen besondere Energie nutzen, indem du so präsent wie nur möglich bist und dich darauf konzentrierst, was du möchtest. Falls du diese Möglichkeit nicht hast, ist das kein Grund zur Beunruhigung, weil es eine Menge Alternativen gibt.

Eine Alternative ist, einen großen Baum zu umarmen. Bäume sind sehr liebevolle Wesen und sie mögen es, umarmt zu werden. Bäume besitzen aber auch ein starkes Energiefeld.

Menschen übrigens auch – wenn du also einen kraftvollen Menschen kennst, umarme ihn bzw. sie auch! Menschliche Energiefelder und die von Bäumen sind sich in folgender Hinsicht sehr ähnlich: wenn du in einem friedvollen Zustand der Präsenz bist und dich am einen oder anderen anlehnst, oder zwischen zweien stehst, oder im Kreis mit ihnen sitzt, erhältst du alle Vorzüge der Energieverstärkung. In beiden Fällen, bei Menschen wie bei Bäumen, wird mehr Energie fließen, dein Denken wird klarer und machtvoller, und du wirst dich ruhig und entspannt fühlen.

Andere natürliche Kraftplätze sind Höhlen, Wasserfälle, Bergkämme oder die höchste Stelle auf Hügeln. Wenn du mit einer Wünschelrute umgehen kannst, wirst du noch mehr entdecken.

Organisierte Energiequellen sind natürliche oder menschengemachte Objekte, die so arrangiert oder zusammengestellt sind, dass ein besonders starkes Energiefeld erzeugt wird. Energiefelder dieser Art können genauso verwendet werden wie vorher beschrieben. Einige solcher organisierten Energiequellen möchte ich aufzählen:

1. Ein Kreis von acht Quarzkristallen, der groß genug ist, dass du dich innen hineinsetzen kannst; die Spitzen der Kristalle zeigen zur Mitte.
2. Eine sogenannte »Raumfahrtdecke«, die aus Plastikfolie und Aluminium besteht, wie man sie normalerweise verwendet, um sich beim Camping vor Kälte zu schützen. Diese Materialien erzeugen ein ziemlich starkes Energiefeld aufgrund eines »Orgon-Effekts«. Am besten setzt man sich einfach darauf, aber du kannst dich auch darunter setzen oder legen. Ich persönlich ziehe die mit Nylon verstärkte widerstandsfähigere Version vor.
3. Jeder »Kreis« aus drei oder mehr Granitsteinen, die mindestens 15 Zentimeter Durchmesser besitzen. Granit ist ein besonders guter Energiestrahler aufgrund seiner Zusam-

mensetzung sehr harter Mineralien wie Quarz, Feldspat, Augit und Hornblende. Granit hat oft ein magnetisches Feld, das man mit einem Kompass aufspüren kann. Das habe ich zum ersten Mal bei Energietests an Granitsarkophagen im Museum in Kairo festgestellt.
4. Ein Stab, der aus beliebigem Material gefertigt sein kann – aus Holz, Kupfer, Plastik oder Glas – und in einer Länge des Vielfachen von 12,7 Zentimeter geschnitten wird (Details in meinem Buch »Der Stadtschamane«). Die besten Ergebnisse erzielst du, wenn du einen Stab in jeder Hand hältst oder in der Mitte eines Dreiecks auf dem Boden sitzt, das aus drei solchen Stäben gebildet wird.

Die letzte erwähnte Energiequelle ist eine »selbsterzeugte«. Wir können uns von Energie aus der Umgebung beeinflussen und aufladen lassen: von Bäumen, Steinkreisen, Kristallen, anderen Menschen, und so fort. Jedoch besitzen wir auch eine erstaunliche Fähigkeit, die von Schamanen schon in unvordenklichen Zeiten genutzt worden ist, und das ist die Fähigkeit, unsere eigene Vorstellungskraft dazu zu verwenden, eine zusätzliche Energiequelle zu erschaffen. Solche Quellen sind Amulette und Talismane; wir können sie auch einfach Glücksbringer nennen.

Jetzt möchte ich dir etwas vorschlagen, und dich bitten, es zumindest einmal als Experiment zu versuchen und mitzumachen. Für manche Leser wird das etwas sein, was sie auch später weiter verfolgen wollen. Für andere werden es einige amüsante Momente sein. Es handelt sich um eine Technik aus Hawaii, die *Ho'omanamana* genannt wird, »Bekräftigung«.

1. Nimm ein Objekt in die Hand, das du bei dir hast oder das neben dir liegt. Das kann eine Münze sein, ein Stift, ein Schmuckstück, irgend etwas.
2. Halte es in deiner rechten Hand. Du könntest es eigentlich auch hinters Knie oder ans Ohr halten. Ich sage aber, dass

du es in deiner rechten Hand halten sollst, weil das die symbolische Zone ist, um Energie auszustrahlen.

3. Triff nun eine Entscheidung und entscheide dich, dass dieses Objekt in deiner Hand die Macht besitzt, dir Energie zu geben und Glück (nimm Glück einfach aus Spaß an der Freude mit dazu). Sei dir zunächst einmal darüber klar, dass dies eine Entscheidung ist, die du triffst. Und kümmere dich überhaupt nicht um die Frage, ob das stimmt oder nicht. Es ist wahr, falls du dich jetzt dafür entscheidest – spiel also einfach mit! Sage dir selbst: »Dieses Objekt hat die Macht, mir Energie und Glück zu geben.« Atme dann tief ein und atme dabei die Energie des Universums ein; wenn du ausatmest, atme diese Energie in das Objekt hinein. Nutze deine Imagination, damit du die Wärme spürst und fühlst oder vielleicht sogar siehst, wie das Objekt mit Licht oder Wärme oder etwas anderem aufgeladen wird, das du vorziehst. Es wird nicht nur vorübergehend aufgeladen, sondern seine Molekularstruktur wird so verändert, dass es mehr Energie aufnehmen und bewahren kann. Entschließe dich, dass du das Energiemuster des Objektes veränderst. Lade es auf, und wenn du spürst oder dir vorstellst oder fühlst, dass es ausreichend aufgeladen ist, dann entscheide dich »In Ordnung, das Muster ist definiert; es ist fertig.«
4. Entspanne deine Hand, atme erneut tief ein und gib das Objekt von der rechten in die linke Hand. Es ist jetzt ein Kraftobjekt, weil du es dazu gemacht hast. Spüre die Energie des Objekts in deiner linken Hand. Fühle, wie die Energie deine Hand entlang fließt, weiter in deinen Arm, deinen ganzen Körper auflädt und sich über dich hinaus ausbreitet. Solange du dich daran erinnerst, wird das Objekt eine Quelle von Energie und Glück für dich sein.

»Warte mal«, sagst du, »das ist doch nur deshalb so, weil ich daran glaube.« Absolut richtig. Falls du das, was ich beschrieben habe, regelmäßig tust, und dich jeden Tag an die Macht und den Zweck des Objektes erinnerst und das bekräftigst, dann wird es als ein konstanter Impuls für dein Ku dienen, sich immer wieder erneut aufzuladen, wenn du das Objekt berührst, es in der Hand hältst oder dein Bewusstsein darauf richtest. Auf diese Weise kannst du dein eigenes Kraftobjekt kreieren. Und du selbst bist die Energiequelle dafür.

7. Seinen Weg zum Erfolg lieben

Ko koa uka, ko koa kai
Die vom Land oben, die von der Küste -
Teilt untereinander, damit alle Bedürfnisse gestillt werden

Du hast gelernt, dass deine Energie in die Richtung deiner gezielt und absichtvoll gerichteten Aufmerksamkeit fließt, und dass dieser Vorgang andere mit ähnlichen Absichten anzieht. Das ist dem Phänomen vergleichbar, dass ein magnetisches Feld dort entsteht, wo Strom durch ein Kabel fließt. Wenn du deinen Absichten irgendeine Form von Liebe hinzufügst, dann wirkt das so, als ob man die Stromstärke vergrößert und gleichzeitig das Magnetfeld ausweitet. Liebe intensiviert Energie und wirkt deshalb sehr stark. Je größer die Liebe, desto größer der Einfluss.

Man muss genau verstehen, was ich mit Liebe meine. In der Sprache von Hawaii ist das viel klarer als im Englischen und vielen anderen Sprachen. Auf Hawaii ist das Wort für Liebe *Aloha.* Die eine Wurzel *Alo* bedeutet, dass man mit oder bei jemandem im gegenwärtigen Augenblick ist. *Oha,* die zweite Wurzel, bedeutet Freude und bezeichnet besonders jene Freude, die du spürst, wenn du jemanden oder etwas begrüßt. *Aloha* kann also übertragen werden als »glücklich sein, jemanden oder etwas jetzt begrüßen zu können, mit dem du jetzt zusammen sein kannst.« Eine weitere Bedeutung von *Alo* ist »etwas teilen«, wie man Erfahrungen teilt oder mitteilt; und *Ha* ist auch »Lebensenergie, Atem, Lebensgeist.« Dieser Aspekt von *Aloha* ist also »das freudige Teilen des Lebens.« Auch das ist Liebe.

Wenn wir lieben können, so vermehrt das gewissermaßen den freien Fluss zwischen uns und etwas anderem, es intensiviert den Einfluss, und aufgrund seiner Natur ist dieser Einfluss positiv. Falls das nicht so wäre, dann gäbe es etwas Angst, Wut, Zweifel, Kontrolle – und all das wäre keine Liebesenergie mehr. Das wäre die Energie von Angst, Zweifel und so fort – und diese Energien erhöhen den Widerstand gegen das freie Fließen von Energie. Um wieder die elektrische Analogie zu verwenden: Liebe verwandelt den Draht deiner gezielten Absicht in einen Supraleiter.

Eines der Dinge, welche die Energie, um Veränderungen in deinem Leben zu bewirken, enorm vergrößern, nennen wir auf Hawaii *Mamake*, Wunsch, Verlangen oder Sehnsucht.

Verlangen ist jedoch ein schwieriger Begriff; auf hawaiianisch gibt es eine ganze Reihe von verschiedenen Worten für Verlangen je nach Art des Wunsches. Wir sprechen hier mehr über etwas, das mit Motivation zu tun hat. Es geht nicht darum, sich etwas anzueignen oder quasi nach etwas zu grabschen. Es ist kein Verlangen jener Art, bei dem du »unbedingt« etwas haben musst. Es ist keine Art von Bedürftigkeit, vielmehr eine liebevolle Art des Wunsches, vielleicht so, wie man sagen würde »Mensch, jetzt würde ich gerne ein Eis essen – ich mag Eis wirklich gern.« Wenn du diese Art von Liebe für etwas empfindest, ist es immer leichter, es auch zu bekommen.

Was du wirklich liebst, wird zunehmen und in dein Leben hineingezogen werden. Übrigens auch das, was du fürchtest. Was du in dem Sinne liebst, dass du dabei eine positive, fließende Verstärkung von Energie spürst oder förderst, wird in noch größerer Fülle fließen und sich manifestieren. Menschen, die ihre Arbeit lieben oder bestimmte Fertigkeiten, die sie entwickelt haben, sind meist sehr fähig und erfolgreich in ihrem Tun. Wenn ich erfolgreich sage, meine ich jedoch, dass sie erfolgreich auf dem Gebiet sind, das sie lieben. Es gibt zum Beispiel eine Reihe von Leuten, die ihr Können sehr geschickt und erfolgreich anwenden, dabei aber keinen finanziellen Erfolg haben. Das liegt daran, dass sie ihre Beziehung zu Geld nicht genauso lieben wie ihre Talente. Das sind zwei unterschiedliche Faktoren, aber viele erkennen das nicht. Du bekommst nur für deine Talente nicht unbedingt eine Belohnung. Belohnt wirst du dafür, dass du dich selbst genug liebst, um die Belohnung anzunehmen, oder in dem Maße, wie du Belohnungen überhaupt liebst – eins der beiden.

Es reicht jedoch nicht aus, nur etwas über Liebe zu wissen. Sie bleibt eine schöne Idee, es sei denn, dass du sie auf praktische Weise für deinen Erfolg anzuwenden verstehst. Eine der konkretesten und wirksamsten Methoden, Liebe für dich einzusetzen, besteht darin, die Macht der Segnung zu gebrauchen. Vielleicht kennst du schon die Idee der Segnung, von den »Aloha Spirit«-Karten oder aus einem meiner Seminare, aber ich will das Konzept, welches dahinter steht, hier doch auf eine neue Weise darstellen.

Manche der Leser haben schon einmal miterlebt, wie der Muskeltest darauf anspricht, wenn wir die Macht der Segnung demonstrieren, aber viele haben diese Erfahrung noch nicht. Deshalb fange ich mit diesem sehr interessanten Phänomen an – da Segnen nicht nur spirituell, sondern auch physisch höchst positiv wirkt. Wenn du jemanden oder etwas segnest, das heißt, wenn du die Person oder die Sache lobst, oder ihr dankst und sie irgendwie positiv bezeichnest, wird dein eigenes Unterbewusstsein darauf reagieren, indem sich dein Körper entspannt und dein Energiefluss zunimmt. Obwohl du deine Segnung auf jemanden oder etwas außerhalb deiner selbst gerichtet hast, wirst du körperlich selbst einen Nutzen davon haben. Das kann man mit folgendem Muskeltest leicht demonstrieren (den Menschen, die sich mit Kinesiologie beschäftigen, selbstverständlich schon kennen):

1. Jemand steht aufrecht und hebt einen Arm in Schulterhöhe waagrecht.
2. Bitte die Person, den Arm »stark« zu halten, wenn du sagst »Halte«, und dann drücke sanft auf das Handgelenk der Person nach unten, damit du ein Gefühl für ihre normale »Haltekraft« bekommst. Drücke den Arm nicht ganz nach unten, sondern nur so viel, dass du spürst, wie viel Widerstand die Person gegen deinen Druck leistet.
3. Während des nächsten Durchgangs hält die Person den Arm wieder auf Schulterhöhe, soll aber in Gedanken jemanden kritisieren. Wenn sie es getan hat, soll sie mit dem Kopf nicken, du sagst wieder »Halte« und drückst dann sanft auf das Handgelenk. Du wirst feststellen, dass der Arm jetzt weniger Widerstand gegen deinen sanften Druck leistet, manchmal sogar dramatisch weniger. Das verhält sich so, weil das Unterbewusste die Kritik an einem anderen persönlich auf sich bezogen und sich damit selbst geschwächt hat (denke an das Huna-Prinzip »Es gibt keine Grenzen«).
4. Nun wiederholst du diesen Schritt, deine Versuchsperson lobt aber jemanden gedanklich bzw. macht Komplimente. Du wirst feststellen, dass der Armwiderstand jetzt viel stärker ist, weil das Unterbewusstsein erneut persönlich genommen hat, was gedacht wurde – jetzt nämlich etwas sehr Positives. Es hat sich entspannt und mehr Energie freigesetzt, um den Armwiderstand zu erhöhen.

Es ist ziemlich einfach: Eigenkritik oder Kritik an anderen veranlassen deinen Körper, sich zu verspannen, und Lob für dich oder andere bewirken, dass sich dein Körper entspannt. Verwünschungen verursachen Stress, Segnungen vermindern Stress. Allein dadurch, dass du Segnungen einsetzt, kannst du deine Gesundheit unglaublich verbessern, und manchmal reicht das als »Therapie« sogar schon aus. In einem Workshop fragte mich eine Frau, was man tun soll, wenn man selbst von anderen kritisiert wird. Das Beste, wie ich in der Gruppe gleich demonstrieren konnte, ist, sich selbst umgehend laut ausgesprochen oder still in Gedanken zu loben. Auf diese Weise kannst du oft deinen Weg zum Erfolg segnen.

So viele Menschen haben Probleme mit ihren Beziehungen, und dabei steht doch eine sehr einfache und praktische Lösung zur Verfügung. Es ist egal, um welche Art von Beziehung es sich handelt und auch, was dein Motiv ist, wenn du kommunizierst: wenn du mehr Kritik übst als Komplimente machst, neigst du dazu, die Beziehung zu zerstören. Und wenn du mehr Lob gibst als kritisierst, neigst du dazu, sie zu fördern.

Nörgeln ist tödlich für eine Beziehung, denn dahinter steckt Kritik, offen oder indirekt – und das hilft weder, die andere Person zu verbessern, noch dich selbst glücklicher zu machen. Wenn es einen Menschen oder eine Gruppe von Personen gibt, mit dem bzw. denen du nicht klar kommst, ist das so, weil du ihm bzw. ihnen gegenüber eine kritische Einstellung hast. Du verträgst dich gut mit allen, deren Fehler du ignorierst oder wenn du sie zumindest als nicht so wichtig wie ihre guten Eigenschaften ansiehst, und mit denen, die du für ihre positiven Eigenschaften lobst oder dankst.

Es ist eine schlichte Einsicht, die nichtsdestotrotz wahr ist: falls du jemanden umfassend lieben möchtest, dann sieh und anerkenne nur sein Gutes. Die Beziehungen leidet in dem Maße, wie du das nicht tust. Du kannst dir also auch deinen Weg zum Erfolg in der Liebe durch Segnungen bahnen!

Erfolg im Beruf funktioniert genauso. Wenn du wirklich alle Aspekte deines Berufs liebst, wenn du sie nur segnest, dann wirst du Erfolg haben. Manche Menschen erfahren ein »Burnout«, also Ausgebranntsein in ihrem Beruf. Ihre Ambitionen verschwinden, ihr Ehrgeiz, gute Arbeit zu leisten, verschwindet, und ihr Job kann sie sogar krank machen. Das Problem ist so einfach wie seine Lösung. Gleich aus welchem Grund und egal, ob es gerechtfertigt war oder nicht: diese Menschen haben angefangen, ihre Arbeit zu verwünschen, und zwar so weit, dass sie ihr praktisch kein Lob und keine Anerkennung mehr geben. Das Unterbewusstsein sträubt sich natürlich dagegen, weiter bei dieser Arbeit zu bleiben, aber das Alltagsbewusstsein besteht darauf, meist aus finanziellen Gründen, und so entsteht als Resultat Burnout.

Die Lösung? Entweder findest du einen Job, den du segnen kannst, oder du fängst an, deine derzeitige Arbeit anzuerkennen, zu loben und zu segnen. Selbst wenn du noch nicht beim Extrem angelangt bist, kannst du deine Arbeit segnen, um deine Effizienz zu erhöhen und deine Freude zu vermehren. Und wenn du deine Arbeit liebst und sie gut machst, werden auch die Belohnungen dafür zunehmen. Erinnere dich dabei daran, dass du nicht alles im Job segnen musst, sondern nur die guten Aspekte. Und sieh zu, dass du mehr Aspekte findest, die du segnen kannst, als schlechte, die du verwünschen möchtest.

Eine Segnung besteht in der Bewunderung dessen, was gut ist, in der Bekräftigung des Guten und seiner Wertschätzung, oder in der Erwartung von etwas Gutem. Ich möchte einige Vorschläge machen, wie du in verschiedenen Situationen und bei unterschiedlichen Zielen Bedürfnisse und Wünsche segnen kannst. Wende diese Segnungen so viel und oft an, wie du magst.

Gesundheit: Segne gesunde Menschen, Tiere und sogar Pflanzen; alles, was wohl getan oder gut konstruiert ist; alles, was überfließende Fülle zum Ausdruck bringt.

Glück, Glücksgefühl: Segne alles, was gut ist, oder das Gute in allen Menschen und Dingen; segne alle Anzeichen von Glück oder Beseligung, die du bei Menschen oder Tieren siehst, hörst oder fühlst; segne alle Potenziale von Glück, die du in deiner Umwelt bemerkst.

Wohlstand: Segne alle Zeichen von Wohlstand in deiner Umgebung, einschließlich all dessen, was Geld zu schaffen half; segne alles Geld, das du in irgendeiner Form hast; segne alles Geld, das in der Welt zirkuliert.

Erfolg: Segne alle Signale von erreichten Zielen, geschafften Leistungen und vollendeten Errungenschaften (zum Beispiel Gebäude, Brücken, Sportereignisse), alle Ankünfte (zum Beispiel von Menschen, Eisenbahnen, Flugzeugen), alle Zeichen von Vorwärtsbewegungen oder Beharrlichkeit, sowie alle Anzeichen von Freude und Fröhlichkeit.

Vertrauen, Selbstvertrauen: Segne alle Beispiele von Vertrauen bei Menschen und Tieren; segne alle Zeichen von Stärke in Menschen, Tieren und Objekten (zum Beispiel Stahl und Beton), alle Beispiele von Stabilität (wie bei Bergen oder großen Bäumen), sowie alle Zeichen zielgerichteter Kraft (einschließlich großer Maschinen oder Stromleitungen).

Liebe und Freundschaft: Segne alle Anzeichen von Fürsorge und Unterstützung, von Mitgefühl und Zuneigung; segne alle harmonischen Beziehungen in Natur und Architektur, und alles, was mit einander verbunden ist oder sich sanft berührt; segne alle Beispiele von Kooperation, wie in Spielen oder bei der Arbeit, und auch alle Zeichen von Lachen und Spaß.

Innerer Frieden: Segne alle Beispiele von Ruhe, Stille, Frieden und Gelassenheit (wie stilles Wasser oder unbewegte Luft); segne alle weiten Blicke (wie den Horizont, die Sterne, den Mond) und alle Zeichen von Schönheit in Blick, Klang oder Berührung; segne alle klaren Farben und Formen, auch in Details von natürlichen Dingen oder menschengemachten Objekten.

Spirituelle Entwicklung: Segne alle Beispiele von Wachstum, Entwicklung und Wandlung in der Natur, den Übergang von Morgen- und Abenddämmerung, die Bewegung von Sonne, Mond, Planeten und Sternen, den Flug der Vögel am Himmel und die Bewegung von Wind und Meer.

Die Ideen oben sind nur als Hilfen gedacht, nicht als Einschränkungen. Jede Eigenschaft, jedes Merkmal und jeder Zustand, die anerkannt, geschätzt und gesegnet werden können, sind geeignet. So kannst du zum Beispiel auch schlanke Pfosten oder dünne Tiere segnen, um deine eigene Gewichtsabnahme zu fördern. Und es spielt dabei keine Rolle, ob die zu segnenden Dinge früher einmal existiert haben, ob es sie jetzt gibt oder ob sie bislang nur in deiner Vorstellung bestehen.

Ich persönlich habe die Macht der Segnung genutzt, um meinen Körper zu heilen, mein Einkommen zu erhöhen, etliche Fertigkeiten zu entwickeln, eine tiefe liebevolle Beziehung zu meiner Frau und unseren Kindern zu entwickeln, und um ein weltweites Netz von Friedensstiftern zu begründen, die mit dem Aloha Spirit arbeiten. Da es für mich so gut gewirkt hat und noch wirkt, möchte ich es mit dir teilen. Bitte teile du es wiederum mit so vielen, wie du nur kannst.

Positive Leidenschaft

Schauen wir uns eine andere Art und Weise an, Liebe ganz praktisch zu entwickeln. Das hawaiianische Wort dafür ist *Kaunu*, was wir mit »positiver Leidenschaft« übersetzen können. Eine weitere Bedeutung ist »leidenschaftlich jemanden zu lieben«, aber der Begriff bringt auch zum Ausdruck, dass jemand ein leidenschaftliches Interesse an etwas hat. Positive Leidenschaft heißt nicht, sich etwas zu ersehnen im Sinne, etwas schrecklich dringend haben zu wollen. Das würde nur eine Blockade verursachen, weil du dann ja zum Universum sagen würdest: »Ich habe es nicht und ich will es aber haben.« Wenn du dich auf diese Art auf etwas lange genug konzentrierst, kannst du durchaus begrenzte Ergebnisse erzielen, aber du wirst gleichzeitig einen enormen Stress und viele Spannungen erzeugen. Ich spreche vielmehr von einer Art von Leidenschaft, wenn du dich unbändig über etwas freust. Wenn du eine Form der enthusiastischen Begeisterung oder sogar leidenschaftliche Freude in Bezug auf eine Idee oder Vorstellung aufbauen kannst, die du gern in deinem Leben manifestieren möchtest, wird dir das dann viel leichter fallen.

Es gibt vermutlich schon einige Bereiche in deinem Leben, in denen sich Dinge leicht ergeben, weil du schon entsprechende Gewohnheitsmuster und das dazu gehörige Selbstvertrauen entwickelt hast, und du dich hier nun nicht mehr allzu viel anstrengen musst. Leidenschaft oder genügend begeisterte Liebe für etwas sind Möglichkeiten, um Blockaden zu durchbrechen, Ängste zu überwinden und Zweifel hinter sich zu lassen. Das ist keine drängende oder ziehende Form von Leidenschaft und auch keine falsche Erwartungshaltung, sondern eine durch und durch fröhliche Art von Leidenschaftlichkeit oder Begeisterung im Leben. Wenn du diese Art von Schwingungen oder Gedanken und Gefühlen in die Welt aussendest, wie sehr du dich über etwas Bestimmtes freust, dann wird es in immer größerer Fülle auf dich zu kommen, bis du nur noch an die Sache denken musst und sie beginnt, sich zu ereignen.

Meine Frau und ich haben diese Einstellung zum Reisen. Ich bin gereist, seit ich zwei Wochen alt war, und ihr begann es auch Spaß zu machen, seit wir zusammen sind. Wir mögen Reisen so gern, dass das für uns etwas ganz Natürliches ist. Wir denken kaum darüber nach. Wir denken nur das Wort »Reise« und schon fangen alle möglichen Dinge an zu passieren, einfach weil wir das lieben. Sie nennt das »auf der Rolltreppe stehen«, weil es so mühelos ist. Wir müssen uns nicht erst hinsetzen und die Reise visualisieren, oder auf andere Weise Energie dafür aufwenden.

Wenn du etwas genügend gern hast und es ausreichend liebst oder dich daran erfreust, dann wird es leichter und geschieht in Fülle. Falls es sich um etwas handelt, was du tust, um ein Talent zum Beispiel, wirst du ohne große Anstrengung geschickter darin. Falls es dir wirklich Spaß macht, mit Geld zu tun zu haben, wird auch das leichter. Jetzt lade ich dich zu einer kleinen Übung ein, die einen ersten Einstieg ins Thema gibt, und die du dann selber vollständiger und umfassender durchführen kannst.

1. Denke an etwas, das du in deinem Leben wirklich gerne haben möchtest – vielleicht eine Veränderung oder einen Zustand in Bezug auf deinen Körper oder deine Beziehung, in Bezug auf deine Finanzen oder einen Gegenstand. Für den Augenblick vergiss einfach, dass du das erst noch in dein Leben hineinbringen möchtest, sondern stelle dich nur auf die Vorstellung davon ein. Es ist egal, ob du das mit offenen oder geschlossenen Augen machst.
2. Schau dich in deiner Umgebung nach etwas um, das mehr Energie hat als andere Dinge. Das könnte eine Glühbirne sein, eine Kerzenflamme, ein Ventilator, ein Kristall oder irgendetwas anderes.
3. Während du dich auf diese Energiequelle ausrichtest, atmest du ein, und während du ausatmest, lenkst du dein Bewusstsein auf deinen Kopf, dein Herz, deinen Bauchnabel oder auf jenen Teil deines Körpers, den du mit mehr Energie versorgen möchtest, damit du diese Energie in Begeisterung und Leidenschaft verwandeln kannst.
4. Freue dich in deiner Vorstellung so viel du kannst schon jetzt an dem Zustand, wie wenn er bereits eingetreten wäre – also, als ob du das, was du möchtest, schon jetzt erreicht hättest. Spüre, wie wunderschön das wäre, und lass dieses Gefühl ganz durch dich hindurchfließen. Genieße einfach die Idee. Falls eine Angst oder ein Zweifel auftaucht, pack sie, wirf sie raus und sage, »Mit dir beschäfti-

ge ich mich später – jetzt freue ich mich erst einmal richtig.« Baue dieses Gefühl so stark wie möglich aus und auf.
5. Wenn du den Gipfel dessen erreicht hast, was du in dieser Übungseinheit schaffen kannst, dann höre auf, lass alles los und entspanne dich. Wiederhole die Übung später wieder, wenn du Zeit und Lust hast.

Manchmal wirst du bei dieser Übung vielleicht feststellen, dass du noch besser klären musst, was du wirklich möchtest. Es ist wichtig, dass du dich auf das konzentrierst, was du möchtest, nicht auf das, was du nicht willst. Freue dich so gut wie möglich an den schönen, positiven Gefühlen und sage dir selbst, auch wenn du erst am Anfang dieses Trainings stehst, und auch, wenn das Gewünschte noch nicht vollständig manifestiert ist: »Mensch, darüber werde ich mich wirklich freuen! Das begeistert mich richtig. Wie toll das ist!« Worte können dir helfen, dich zu fokussieren, deiner Imagination Gestalt zu geben und die Erfahrung zu vertiefen.

Manche Menschen fühlen sich unter Umständen etwas unsicher oder komisch, wenn sie diese Übung durchführen, weil sie so daran gewöhnt sind, ihre Leidenschaft zurückzuhalten oder keine Begeisterung im Leben zu spüren. Das kann auf die Angst vor Enttäuschungen zurückgehen oder aus Familienmustern stammen. Falls das bei dir der Fall ist, nimm dir Zeit, darüber nachzudenken und in vielleicht noch kleineren Schritten zu üben. Ich kann dir aber nur versichern: von allen Methoden, die wir besprechen, wenn es darum geht, Energie zu intensivieren, ist die Liebesmotivation die stärkste. Nichts geht darüber, nichts! Du kannst dein Haus mit Kristallen vollstellen oder du kannst Rituale durchführen, die vom mächtigsten Zauberer der Welt stammen, und du wirst immer noch nicht so große Wirkungen erzielen wie durch die begeisterte Leidenschaft für etwas, das du liebst. Alles andere kann bestenfalls eine zusätzliche Hilfe darstellen.

8. Seinen Einfluss ausweiten

Ukulí'i ka pua, onaona i ka maú'u
Die Blume ist klein, und doch erfüllt sie die Gräser um sich herum mit Wohlgeruch

Das Zitat ist ein Sprichwort aus der Tradition Hawaiis. Es besagt, dass kleine Dinge große Wirkungen haben können. Der Flügelschlag eines Schmetterlings in Japan kann in Texas Tornados auslösen. Eine moderne Entsprechung ist die Chaostheorie.

Ein weiteres Grundprinzip aus Hawaii, das gleichzeitig seine kraftvollste Tradition darstellt, ist das, was wir bereits als den »Aloha Spirit« kennen gelernt haben. Das wird zwar meist einfach mit »Liebe« übersetzt, schließt jedoch Freundschaft, Anerkennung und Akzeptanz, Mitgefühl, Barmherzigkeit, Dankbarkeit, Hilfestellung und Zusammenarbeit mit ein.

Wir sagen also, dass Menschen Aloha zeigen, wenn sie dich warmherzig begrüßen, dich anlächeln, wenn sie dir in einer Notlage helfen, daran denken, sich für einen Gefallen zu bedanken, wenn sie sich wie ein Freund verhalten, wenn sie vergeben und vergessen, wenn sie ungerecht behandelt worden sind. Aloha hat auch eine sexuelle Seite, bedeutet jedoch immer eine liebevolle Sexualität. Die Beziehung zwischen Blumen und Liebe ist kein Zufall, da Blüten die Geschlechtsorgane von Pflanzen sind.

Offensichtlich sind die Idee und die Handlungsweisen, die zu Aloha gehören, nicht exklusiv auf Hawaii beschränkt. Blumen blühen schließlich auch an anderen Orten als nur auf den Inseln von Hawaii. Die Blumen der Liebe wachsen wild, und es ist wunderbar, ihnen überraschend zu begegnen. Sie können allerdings auch kultiviert und in noch größerer Fülle mit anderen geteilt werden. So wie wir Blumen pflanzen und hegen, können wir die Übung der Liebe kultivieren, um sie noch mehr zu verbreiten.

Jede Woche treffen wir uns auf Kauai zu »Geschichtskreisen«, die von Aloha International organisiert werden. Da diskutieren wir die Philosophie, Kultur und Tradition der Inseln. Als die Gruppen noch nicht zu groß dafür waren, bat ich jeden Anwesenden, Namen und Herkunftsort zu nennen und uns allen von einer guten Sache zu erzählen, die ihnen kürzlich widerfahren war. Etliche Teilnehmer, die zum ersten Mal dabei waren, fanden es schwierig, an etwas Gutes zu denken. Unsere Gesellschaft fördert ja auf subtile Weise eher, Dinge mitzuteilen, die schiefgehen. Ein Grund war für mich, die Menschen zu ermuntern, zu ihrem eigenen Vorteil an etwas Positives zu denken. Aber noch wichtiger war die Wirkung auf die Gruppe. Es war erstaunlich und, in mancherlei Hinsicht, auch bisweilen erschreckend zu sehen, wie die Gesichter aufleuchteten, wenn eine Person so schlichte Dinge erwähnte wie einen Regenbogen oder einen Wal gesehen zu haben, oder dass sie einen Gast vom Kontinent zu Besuch hatten. Wenn ein gutes Geschehen mitgeteilt wird, ergibt das ein Echo bei jedem anderen Teilnehmer und er bzw. sie reagiert darauf mit einem individuellen Maß an guten Gefühlen. Der Regenbogen eines einzelnen Menschen wird so plötzlich zu einem Regenbogen, den fünfundzwanzig oder mehr Personen erleben. Ein einzelnes, durchaus gewöhnliches Ereignis vermehrte die Freude und die Energie der gesamten Gruppe. Am Ende einer solchen Runde ist jeder in einem Hochgefühl.

Der Gedanke hinter dem Bild der kleinen Blume ist, dass es keine Rolle spielt, wie klein du bist an Gestalt oder wie gering ihr seid an Zahl. Es kommt nicht darauf an, wie viel du weißt oder wie geschickt du bist. Es spielt keine Rolle, wie gebildet du bist oder wie viele Diplome du hast. Was wirklich zählt ist, wie du die Welt um dich herum beeinflusst.

Du bist wie eine kleine Blume und alles, was du tust, wirkt auf dein Umfeld. Wenn du lächelst, werden sich andere wohler fühlen, auch wenn sie das nicht als solches zum Ausdruck bringen oder wenn du sie nicht bemerkst. Hast du etwa noch nie gelächelt als Reaktion auf zwei Menschen, die sich gegenseitig angelächelt haben? Oder still mitgelacht, wenn du ein Kind hast lachen sehen?

Wenn du einem Menschen hilfst, werden viele andere Hilfe spüren. Diese anderen können Menschen sein, die unmittelbar von der Hilfe profitiert haben, oder die sie mit angesehen haben, die davon gehört haben, oder die auf eine positive Weise auf jene reagiert haben, denen die Hilfe direkt angediehen war. Jedes Mal, wenn du mit liebevoller Absicht handelst, säst du Saaten der Entwicklung für andere, die du vielleicht nie heranwachsen siehst und unter Menschen, die du vielleicht nie kennen lernen wirst. Wie der Duft einer winzigen Blüte verbreiten sich die Wirkungen deiner Handlungen weit über den Bereich deiner unmittelbaren Wahrnehmung hinaus.

In Beziehung zu Regierungen, der Großindustrie und den organisierten Religionen ist ein einzelner Mensch nur eine winzige Blume. Und doch tun Einzelne einfache Dinge, an die sie glauben, und das kann das Verhalten der Masse verändern.

Die offizielle Einführung des Muttertages zum Beispiel, der jetzt von Millionen rund um den Globus gefeiert wird, fand nur statt, weil sich eine Frau beharrlich dafür einsetzte, Mütter zu ehren. Die Bürgerrechtsbewegung (in den USA) begann mit gewöhnlichen Menschen, die nur ihr eigenes Verhalten änderten (und sich als Schwarze anders verhielten als es die weiße Masse von Schwarzen erwartete), weil sie an das

Recht glaubten, gleichberechtigt wie alle anderen behandelt zu werden. Die enorme ökologische Bewegung, die heutzutage die Politik praktisch jeder Regierung in der Welt beeinflusst, fing mit Einzelnen an, die durch das persönliche Beispiel zeigten, wie man der Umwelt mehr Achtung zollen kann.

George Washington Carver, ein Schwarzer, der mit den Blumen sprach und sie bat, ihm ihre Geheimnisse zu offenbaren, übte einen großen Einfluss bei der Transformation der Wirtschaft in den Südstaaten aus. Andere, die gerne mit Elektronik gebastelt haben, haben die Computerindustrie revolutioniert. Ein Mann, ein Außenseiter namens Ted Turner, stellte die Fernsehindustrie auf den Kopf, als er den Nachrichtenkanal CNN gründete. Maharishi Mahesh Yogi, ein indischer Guru, startete eine weltweite Bewegung, die seinen Meditationsideen Eingang bei Regierungen, Schulen, Firmen und sogar anderen Religionen verschaffte. Mutter Theresa, die nur den Sterbenden helfen wollte, hatte ja gleichzeitig einen weltweiten Einfluss darauf, wie Sterbende heute behandelt werden.

Ich könnte eine ganze Reihe weiterer Namen nennen, die wir heute als außergewöhnliche Individuen betrachten, die einen enormen Einfluss auf ein einzelnes Gebiet ausübten. Wichtiger ist jedoch der Punkt, dass sie alle einmal als winzige Blumen ohne irgendeinen offensichtlichen Einfluss begonnen haben. Und doch spürten andere das, was sie sagten, taten oder dachten als ganz persönlichen Einfluss auf sie selbst.

Es ist leicht, den Einfluss von Worten, die wir hören oder lesen und besonders von Dingen, die wir sehen und anfassen können anzuerkennen. Es ist einfach, den Einfluss oder das Charisma anzuerkennen, wenn Menschen davon ergriffen werden. Wenn du einen spirituellen Hintergrund hast, wirst du vermutlich auch den Einfluss von Gebeten anerkennen. Wie steht es jedoch mit reinen Gedanken?

In meiner Tradition, im Huna, betrachten wir jeden Gedanken als ein Gebet. Wir sind telepathische Wesen, die sich ständig aktiv und passiv über Gedanken telepathisch austauschen. Wir reagieren auf die Gedanken der anderen und sie reagieren auf unsere. Entgegen der verbreiteten Angst kann kein Mensch die Gedanken eines anderen kontrollieren oder beherrschen. Wir können sie jedoch, wie der Duft einer winzigen Blume, beeinflussen. Wenn der Duft angenehm ist, wird die Reaktion angenehm sein. Wenn der Geruch schlecht ist, wird die Antwort darauf übel sein. Unsere Gedanken spiegeln sich in den Ereignissen der Welt, vielleicht sogar verstärkt.

Es macht fast ein bisschen Angst zu wissen, dass jeder Gedanke, den du denkst nach außen dringt, die Welt berührt und sie in einem gewissen Umfang auch verändert. Wenn ich »die Welt« sage, meine ich damit nicht nur die Menschen, sondern genauso alle Pflanzen, Tiere, Elemente und Objekte. Und noch erschreckender kann dieser Gedanke sein, wenn du an all die gemeinen Sachen denkst, die du mal gedacht hast, an all die wütenden, ängstlichen, rachelüsternen und fürchterlichen Gedanken, die du ab und zu gehabt hast. Haben sie auf die Welt eine Wirkung ausgeübt? Nach den Lehren meiner Tradition, ja. Vielleicht haben sie nicht mehr als einem Molekül oder einem Elektron einen Schubs gegeben, oder sie haben Ereignissen, die bereits stattgefunden haben, ihre Energie dazu gegeben. Aber sicher haben sie irgendeinen Effekt ausgelöst.

Meine Tradition sagt allerdings auch, dass das Wesen des Universums Liebe ist. Und Liebe ist der Drang nach Wachstum und Entwicklung, sie ist eine Sehnsucht, Bewusstsein, Talente und Glück zu vermehren. Das gesamte Universum und jedes Individuum darin bewegt sich auf immer größere Liebe zu. Das bedeutet, dass alles, was der Liebe entgegensteht, dieser Bewegung zuwider läuft, so wie ein Felsbrocken, der den Berg nach oben rollen sollte. Unter bestimmten Umständen können sich Felsbrocken eine gewisse Zeit lang gegen die Schwerkraft bewegen, aber dazu bedarf es ungeheurer Energie.

Menschen haben, indem sie ihre Ideen und Energien zusammengespannt haben, Maschinen entworfen, mit denen man Felsbrocken und andere Gegenstände gegen die Schwerkraft bewegen kann, in kleinen Mengen und auf eine relativ kurze Entfernung, aber auch dabei ist der Einsatz von Energien und Anstrengungen beträchtlich. Ähnlich bedarf jeder Einfluss, welcher der Liebe entgegensteht, eines enormen Energieeinsatzes, um irgendeine Wirkung auszuüben.

»Na, jetzt warte mal«, sagt vielleicht mancher. »Schau dir doch mal all die schlimmen Dinge in der Welt an. Was ist mit den Kriegen, den Epidemien, den Grausamkeiten und der Umweltverschmutzung? Das passiert doch fast wie von selbst, ohne besondere Kraftanstrengung! « Ich würde darauf antworten, dass all diese Dinge sich nur deshalb so scheinbar einfach ereignen können, weil schon eine gewaltige Menge von gleichartiger Energie in dieselben Richtungen geht. Diese Energien stammen von sämtlichen Angst- und Wutgedanken aller möglichen Menschen rund um den Globus.

Liebe und die Wirkungen von Liebe bestehen trotzdem in einem weitaus größeren Maßstab weiter fort als irgendwelche Nicht-Liebe. In Wirklichkeit erscheint das Schlimme in der Welt als so grausam, weil es vor einem Hintergrund einer so immens großen Liebe geschieht, dass wir sie kaum zur Kenntnis nehmen. Wenn wir jedoch als Einzelne aggressiv oder furchtsam denken, verbinden wir uns mit der bereits existierenden Energie von Wut und Angst, und das verstärkt wiederum die Wirkungen unserer Gedanken, während wir unser bisschen zur Existenz dieser Energien beitragen.

Bevor du dich nun vor Schuldgefühlen krümmst, wird es hilfreich sein zu wissen, dass es etwas ganz Einfaches gibt, was du tun kannst. Da der Kraftimpuls der Liebe so viel größer ist als jede entgegengerichtete Kraft, verbinden dich bereits liebevolle Gedanken mit dieser positiven Kraft, was wiederum ebenfalls die Wirkungen deiner Gedanken verstärkt, während sie auf die Welt Einfluss ausüben. Zusätzlich werden deine nun liebevollen Gedanken die Effekte früherer ängstlicher und ärgerlicher Gedanken neutralisieren, so wie die Schwerkraft, die eine Wand niederreißt, all die Energie neutralisieren wird, die es gebraucht hatte, um sie zu errichten. Andererseits können furchtsame und zornige Gedanken die Wirkungen eines liebevollen Denkens genauso wenig neutralisieren wie die Errichtung einer Wand die Wirkung der Schwerkraft aufheben würde.

Sprechen wir also mehr über liebevolles Denken. Was ist damit genau gemeint? Jeder Gedanke, der eine Bewusstseinsentwicklung fördert, oder die Ausübung von Fähigkeiten oder Glück, ist ein liebevoller Gedanke. Eine positive Affirmation kann als liebevoller Gedanke bezeichnet werden. Ein Gebet zu jeder Form von Gott mit der Bitte um Gutes für dich selbst oder andere ist ein liebevoller Gedanke. Ein liebevoller Gedanke kann auch ein rein geistig gemachtes Kompliment für einen Freund oder Fremden sein, die Freude an der Schönheit eines Sonnenauf- oder -untergangs, Dankbarkeit für ein Geschenk oder Vergebung für eine Verletzung. Der Wunsch nach Frieden, die Hoffnung auf eine bessere Zukunft oder die kreativen Visualisierungen von Erfolg und Wohlstand können liebevolle Gedanken sein. Jeder Gedanke der Güte ist ein liebevoller Gedanke.

Wir brauchen wirklich dringend mehr bewusst liebevolle Gedanken. Um zu unserer Blume zurückzukehren: viele Menschen meinen, dass Blumen rein zufällig gut riechen. In Wahrheit strahlen Blüten ihren Duft speziell deshalb aus, um

Tiere zu beeinflussen, zu ihnen zu kommen und ihnen bei der Bestäubung zu helfen. Als Gegengabe bieten Blumen Nektar; Nektar hat sonst keinen anderen Zweck. Blumen duften nicht nur ganz zielgerichtet, sondern auch die Zeit ihrer Ausdünstung ist auf die natürlichen Aktivitäten jener Tiere abgestellt, die sie beeinflussen möchten. Wenn du das nächste Mal inne hältst, um an einer Blüte zu riechen, achte einmal auf die Tageszeit. Manche Blumen verströmen ihren Duft vor allem morgens, manche nachmittags, andere nachts. Wenn du an ihnen zu anderen Tageszeiten riechst, ist der Duft sehr schwach oder gar nicht vorhanden. Es scheint, als ob die Blumen mehr Einfluss ausüben können, wenn ihre Absicht bewusst gerichtet ist.

Als einer kleinen metaphorischen Blume gebe ich dir zu überlegen, dass deine bewusst ausgerichteten Gedanken mächtiger sind als jene, die so nebenbei ablaufen. Ich gebe auch zu bedenken, dass solche Gedanken, die du mit der spezifischen Absicht denkst, andere zu beeinflussen, sogar noch mächtiger sind. Und darüber hinaus sind jene deiner Gedanken am mächtigsten, die sich bewusst darauf ausrichten, jegliche Tendenzen zum Guten zu verstärken, die da draußen bereits existieren.

Ein Gedanke wie »Mögen die habgierigen Landentwickler in Südamerika daran gehindert werden, noch mehr Regenwälder niederzubrennen« ist weit weniger wirksam als »Mögen alle Menschen, welche die Regenwälder schützen mehr Mut, Vertrauen und Erfolg haben.« Im ersten Beispiel stellst du deine mentale Energie gegen etwas, während du im zweiten Fall deine Energie einem wachsenden Trend hinzufügst.

Ähnlich ist es für deine persönliche Gesundheit kraftvoller zu denken »Meine Gesundheit nimmt zu« als »Ich werde meine Krankheit los« – denn die natürliche Neigung des Körpers geht auf Gesundheit zu und nicht von Krankheit fort. Dein Körper wird Krankheit nicht los. Wenn er frei genug ist, absorbiert, transformiert und scheidet er Dinge aus, welche die Gesundheit beeinträchtigen. Das ist etwas ganz anderes.

Wenn eine kleine Blume die Gräser um sich herum mit ihrem Duft erfüllen kann, dann kann der Duft von Millionen kleiner Blüten von den Winden in die entferntesten Winkel der Welt getragen werden. Diejenigen unter uns, die im Alltagsleben beten, segnen und im Geist der Liebe denken und handeln, beginnen bereits einen Einfluss zu haben, der zwar subtil sein mag, jedoch anwächst. Das vollzieht sich bereits in einer Reihe von Ländern aufgrund einer bewussten Ausrichtung und aufgrund der Tatsache, dass wir vielen Millionen kleiner Blumen alle denselben Duft verströmen – die Essenz liebevoller Kraft und kraftvoller Liebe.

Fast ohne Ressourcen und trotz geringer Anzahl wirken wir auf andere Menschen zum Besseren ein. Wir haben kaum erst begonnen, aber wir haben angefangen. Die Welt um uns herum ändert sich schnell, und die Veränderung geschieht aufgrund unserer inneren Kräfte und Energien, nicht aufgrund äußerer. Die Menschen am anderen Ende der Welt nehmen den Duft unserer kleinen Blüten wahr und tun Dinge, die sie früher einmal für unmöglich gehalten haben.

Immer wenn sinnlose Gewalt, Seuchen oder Tragödien die Welt erschüttern, öffne deine Augen etwas mehr und sieh das Gute, das viele kleine Blumen erzeugen. Denke eine Weile an jene Menschen, die Kindern in anderen Ländern helfen, besser und gesünder zu leben; an jene, deren Erfindungsgeist die Möglichkeiten vergrößert, mit allen Menschen zu kommunizieren; an solche, die sich dafür einsetzen, Körper und Geist zu heilen; an Menschen, die Friedensverhandlungen führen und versuchen, Feindschaften zu begraben; an jene, die nicht nur auf die Regierungen und die Industrie schauen, damit diese die Umweltbelange achten, sondern auch neue Methoden entwickeln, wie man mit der Natur kooperieren kann anstatt sie auszubeuten. Überall auf der Welt, in jedem Land, arbeiten Menschen hart dafür, dass es besser wird. Jeder positive Gedanke, den wir über sie hegen, wird ihnen helfen.

Es ist gut, sich an großen Vorhaben zu beteiligen und große Projekte zu verfolgen, aber das ist nicht die einzige Alternative, etwas zu leisten. Den Aloha Spirit in deinem Alltagsleben zu leben ist eine weitere, sehr wertvolle. Folgende Idee zählt zu den aufregendsten und ermutigendsten Dingen, die ich in letzter Zeit gesehen habe. »Praktiziere zufällige Taten der Güte und der absichtslosen Schönheit.« Wir sind so davon geprägt, immer irgendwelche konkreten Bedürfnisse zu erfüllen, dass der Gedanke, einfach so, zufällig, ohne Anlass und Grund, gute Dinge zu tun, wahrhaft radikal anmutet. Es katapultiert uns aus alten Denkmustern, wenn wir ein paar Münzen neben dem öffentlichen Telefon lassen, wenn wir einen Dankesgruß mit dem Scheck an die Stromfirma schicken, jemandem ein Geschenk machen, der keines erwartet, Unkraut jäten oder Abfall aufsammeln, wenn wir nicht darum gebeten wurden.

Es macht Spaß, so etwas für Fremde zu tun, aber noch mehr Herausforderung steckt darin, wenn du es für deine eigene Familie machst. Manche Menschen, die dieses Konzept neuer Verhaltensweisen fördern, nennen es »spirituelle Guerilla«, was ziemlich gut passt. Aber ich meine, wir brauchen den Bezug zu Kriegern nicht, und deshalb ziehe ich den Begriff »freundlicher Kobold« vor.

Falls du mehr telepathische Liebe praktizieren möchtest, schlage ich dir dazu eine einfache Übung vor. Suche dir einen angenehmen Platz im Freien oder von wo aus du ins Freie schauen kannst. Diese Übung wird mit offenen Augen und im Kontakt zur Umgebung gemacht. Es spielt dabei wirklich keine Rolle, ob du dich hinlegst, ob du sitzt, stehst oder herumgehst.

1. Stelle dir vor, eine Blume zu sein, die bereit ist, ihren Duft zu verströmen. Wähle dir deine Lieblingsblume bzw. deinen Lieblingsduft aus. Falls du den Duft als Essenz auch zur Hand hast, hilft das deiner Vorstellung vielleicht.
2. Nimm dir einen Moment Zeit, dich zu entscheiden, zu wem oder wohin du deinen Duft senden möchtest, und mit welcher Absicht. Du kannst ihn an ein Mitglied deiner Familie senden oder einen Freund, an eine Gruppe oder Organisation, die sich für etwas einsetzt, das dir am Herzen liegt, oder an Tiere oder Pflanzen. Die Idee besteht darin, dass dein Duft ihnen die Stärke oder Energie gibt, um etwas zu vollbringen, das ihnen selbst oder anderen hilft.
3. Sende schließlich deinen Duft hinaus in die Luft und stelle dir vor, dass er dorthin geht, wohin du es willst, und dass er das tut, was du möchtest. Du kannst die Übung damit beenden, dass du das als Tatsache bekräftigst.

Die Alten auf Hawaii verwendeten Blumen oft als poetische Symbole für Menschen. Ein anderes Sprichwort bei uns lautet:

Mohala i ka wai ka maka o ka pua
Vom Wasser begünstigt sind die Blüten der Blumen

Das bedeutet, dass es Menschen gut geht, wenn die Bedingungen gut sind. Wenn mehr und mehr kleine Blumen zusammenkommen, um gemeinsam ihren liebevollen Einfluss zu verbreiten, tragen wir damit dazu bei, diese Bedingungen günstig zu gestalten.

9. Das Geheimnis des Geldes

I kani no ka´alae i ka wai
Ein Sumpfvogel ruft, weil er Wasser hat –
eine wohlhabende Person spricht voller Autorität

Vergewissere dich, dass du das Buch gut festhältst, und schnall deinen Sicherheitsgurt an, falls du einen hast, denn wir sprechen jetzt über eines der schwierigsten Themen, die es gibt: über die machtvolle Form von Mana, auch Geld genannt.

Wohlstand, Reichtum, Erfolg und Fülle sind alles sehr schöne Begriffe, sie beeindrucken dein Ku aber nicht. Es gibt ein Geheimnis, das vielen Menschen nicht bekannt ist: Das Unterbewusstsein nimmt die Dinge beim Wort, es ist sehr direkt und sehr praktisch und konkret orientiert. Es versteht nicht das, was wir ein abstraktes Konzept nennen, etwas, das sehr unkörperlich ist. Wohlergehen ist ein vager Begriff. Er bezeichnet eine Menge schöner Dinge. In Ordnung. Das ist für das Unterbewusstsein jedoch nicht genügend spezifisch. Alles und jedes, das blüht und gedeiht, kann darunter fallen, auch Unkraut und Ameisen, denen es an nichts fehlt, denen es gut geht. Der Begriff »Fülle« kann auf vielfältige Art angewandt werden: eine Fülle des Mangels, eine Fülle von Rechnungen, eine Fülle an Problemen. Fülle kann für das Unterbewusstsein alles Mögliche bedeuten. Sogar Erfolg ist ein ziemlich relativ zu wertendes Wort. Erfolgreich wobei? Du kannst zum Beispiel erfolgreich versagen.

Wenn wir also mit dem Unterbewusstsein sprechen, wenn wir es programmieren wollen, müssen wir sehr spezifische Anweisungen geben, um die besten Ergebnisse zu erzielen. Es geht dabei nicht notwendigerweise um die Angabe von exakten Einzelheiten, sondern um klare Anweisungen.

Obwohl es in diesem Kapitel um Wohlergehen und Wohlstand geht, will ich das Thema Geld ganz spezifisch ansprechen. Ich möchte dir ein paar Dinge beibringen, wie du mehr davon in dein Leben bringst.

Unser Unterbewusstsein kann Geld entweder von uns fern halten, indem es uns in Umstände zieht, die uns davon entfernen; oder es kann verhindern, dass Geld in unseren Taschen bleibt, indem es uns hilft, alle möglichen Ausreden zu finden, es so schnell wegzugeben oder es zu verlieren, wie wir es bekommen. Was wir allerdings wollen, und was ich unterstelle, dass auch du es willst, ist, Geld in Fülle zu bekommen. Einer der ersten Schritte bei diesem Vorhaben besteht darin, sich mit Geld wohl zu fühlen.

Es ist erstaunlich, wie viele Menschen starke Reaktionen gegen das Wort Geld haben, gleich in welcher Sprache. Probieren wir also einmal etwas aus und schauen wir, wie du darauf jetzt reagierst.

1. Entspanne dich, schließe die Augen, und werde dir deines Körpers bewusst.
2. Nun möchte ich, dass du ein kleines Geld-Lied singst. Ich möchte, dass du das Wort »Geld« singst. Singe es erst viermal, dann dreimal, und wiederhole das einige Male nach folgendem Muster:
   Geld, Geld, Geld, Geld
   Geld, Geld, Geld.
   Geld, Geld, Geld, Geld
   Geld, Geld, Geld.
   Geld, Geld, Geld, Geld
   Geld, Geld, Geld.
   Geld, Geld, Geld, Geld
   Geld, Geld, Geld.

3. Nun achte sehr genau darauf, wie dein Körper reagiert.

Später kannst du das etwas länger machen, wenn du möchtest, aber wie fühlst du dich jetzt? Was hat dieses kleine Lied für dich bewirkt? Hast du überhaupt etwas gespürt? Hast du dich irgendwie innerlich gewunden? Hast du ein Kribbeln gefühlt? War es ein gutes Gefühl oder kein gutes? Hat deine Kehle etwas zugemacht? Hast du irgendwo Schmerzen gespürt? Und welche Erinnerungen stiegen auf? Gab es überhaupt welche, oder hast du Bilder gesehen?

Deine Reaktionen geben dir Hinweise auf deine Beziehung zu Geld. Wenn deine Reaktionen problematisch waren, beginnst du vielleicht zu ahnen, warum Geld dich gemieden hat. Wenn du ganz allgemein eine starke Reaktion gespürt hast, so ist das ein Zeichen dafür, dass du bestimmte sehr starke Glaubensmuster in Bezug auf Geld hast, und die sind ein Teil der Ursache, warum du kein Geld bzw. weniger hast, als du möchtest. Falls du positive Reaktionen bemerkt hast, ist das ein gutes Zeichen für weiteren Fortschritt auf diesem Gebiet. Falls du gar keine Reaktionen gezeigt hast, dann hast du entweder schon alles Geld, das du möchtest, oder du hast die Wertschätzung für das Geld, was du nicht hast, ganz besonders nötig.

Sehen wir uns einige der »Anti-Geld-Programmierungen« an, die viele Menschen ihr ganzes Leben lang mit sich herumtragen. Wie häufig hast du die Aussage gehört, dass Geld die Wurzel allen Übels sei? Wahrscheinlich immer und immer wieder während deines ganzen bisherigen Lebens. Und vermutlich wurde dir gesagt, dass dieser Satz aus der Bibel stammt. Das stimmt aber nicht. Der Satz, der tatsächlich in der Bibel steht, lautet »Liebe zu Geld ist die Wurzel allen Übels.« Er wird Paulus in dessen 1. Brief an die Timothäer, Kapitel 6, Vers 10, zugeschrieben. Im Zusammenhang dort verdammt er jene, die Liebe zu Geld über die Liebe zu Gott stellen oder über die Ausführung guter Werke. Er verdammt nicht Geld an sich, und er verdammt auch keineswegs reiche Leute.

Eine weitere Meinung, die man häufig hört, ist: Geld ist Macht und Macht korrumpiert. Das ist ebenfalls ein falsch wiedergegebenes Zitat, und zwar vom englischen Lord Acton, der über Politik im 19. Jahrhundert geschrieben hatte. Er sagte »Macht neigt zu Korruption, und absolute Macht korrumpiert auf absolute Weise.« Das solltest du gut bedenken, wenn du überlegst, in die Politik zu gehen, aber diese Feststellung bezog sich nicht auf Geld!

Wie oft hast du von den »reichen Müßiggängern« gehört, oder dass jemand »schweinereich« genannt wurde? Oder dass reiche Menschen rücksichtslos seien, oder dass man gemein sein, betrügen und ein Dieb sein muss, um reich zu sein? Falls du eine nette, durchschnittliche Person bist, die weder müßig gehen noch schweinemäßig sein will, die auch nicht böse sein oder viele Menschen verletzten will, und dir dein Leben lang aber gesagt wurde, dass Geld all diese Dinge verursacht – warum solltest du dann eine Menge Geld haben wollen?

Wenn du ein Leben lang gehört hast, dass eine Menge Geld dich so mies macht, dann wirst du ganz unbewusst Situationen schaffen und Dinge tun, durch die du vermeidest viel Geld oder überhaupt welches zu bekommen. Denn wenn du nicht viel Geld in deinem Leben hast, ist es mehr als wahrscheinlich, dass du meinst, du solltest auch keines haben. Ich spreche hier nicht vom normalen Bewusstsein, sondern über etwas, das sich in deinem Unterbewusstsein eingenistet hat. Du kannst das wieder herausbringen, aber erst einmal musst du wissen, dass es dort überhaupt vorhanden ist. Vielleicht hattest du eine religiös geprägte Erziehung, die Armut idealisiert und bekräftigt hat, dass Armut großartig ist, oder man sprach davon, wie schwer es die Reichen hätten, in den Himmel zu kommen, oder es ging um Karma oder um Gottes angeblichen Willen.

Falls du die Vorstellung akzeptierst, dass es Gottes Wille sei, dass du arm bist, oder dass das dein unveränderliches Karma sei, dann brauchst du dieses Kapitel eigentlich gar nicht zu lesen. Ich sage dir jedoch, dass es nicht unabänderlich ist. In der gesamten Bibel steht immer wieder zu lesen, dass Gott über die Fülle spricht, über die guten Dinge des Lebens, die er seinen Kindern geben wird. Und er gab Abraham große Herden und fruchtbare Felder und andere Reichtümer, oder er gab sie Jakob. Und Jesus, obwohl er umherzog, mangelte es doch nie an Nahrung und Unterkunft, außer, wenn er es nicht anders wollte. Überall in der Bibel steht, dass Gott eine wahre Fülle an Schätzen zu vergeben hat und dass die ganze Erde vom Potenzial der Fülle überfließt – falls du das akzeptieren willst und kannst. Falls du das akzeptieren willst.

Was Karma angeht, heißt dieses Wort aus dem indischen Sanskrit »Tat« oder »Aktion«, und als Folgerung daraus auch »Reaktion«. Für sich genommen bedeutet es nicht Ursache und Wirkung in der Zeit, sondern Aktion und Reaktion finden zum selben Zeitpunkt statt, in der Gegenwart – und wenn du bereit bist zu akzeptieren, dass du in der Gegenwart dein Karma ändern kannst, dann bist du schon auf dem richtigen Weg.

Wie Geld funktioniert

Es ist traurig, dass so wenige Menschen verstehen oder anerkennen, was Geld wirklich ist. Dieser Mangel an Wissen trägt in hohem Maß zum Mangel an Geld bei.

In meinen Workshops demonstriere ich die allgemeine Fehleinschätzung der Macht des Geldes, indem ich eine Banknote mit einem hohen Wert auf den Tisch lege und sie auffordere, etwas zu tun, irgendetwas. Natürlich passiert nichts, weil Geld eben nur die Macht besitzt, die menschliche Wesen ihm geben.

Am wichtigsten ist es zu verstehen, dass Geld nur ein Mittel zum Austausch von Waren und Dienste darstellt. Das ist schon alles. Geld ist nicht nur die geprägten Münzen und die gedruckten Scheine, die die meisten Menschen heute gebrauchen. Es ist alles *Beliebige*, das als Tauschmittel für Waren und Dienste benutzt wird.

Tauschhandel ist eine andere Form von Austausch. Menschen, die nicht weiter darüber nachdenken, meinen vielleicht, dass Tauschhandel irgendwie besser und »reiner« sei als ein Geldaustausch. Beim Tauschhandel gibst du mir eine Massage und ich bringe dir ein Handwerk bei, oder ich gebe dir eine Banane und du gibst mir einen Apfel. Tauschhandel ist ein direkter Austausch von Waren und Diensten, und der funktioniert auch ziemlich gut – solange ich deine Massage möchte oder du meine Banane willst. Als ich anfing, Kurse zu geben, tauschte ich Kristalle gegen Kurse, bis ich feststellte, dass ich mit den Kristallen nicht meine Reisekosten und meine Unterkunft bezahlen konnte. Danach sagte ich den Interessenten, sie sollten erst einmal ihre Kristalle verkaufen und dann in meine Kurse kommen.

Tauschhandel ist sehr alt, aber Geld auch. Im alten Hawaii waren die Inseln in Distrikte in Form von Kuchenstücken aufgeteilt, die man *Ahupuaʻa* nannte und die vom Meer zu den Bergen hin verliefen. Jeder dieser Distrikte war sowohl eine politische als eine wirtschaftliche Einheit, die so autark wie möglich angelegt war. Die Leute an der Küste tauschten Fische und Gemüse mit dem Obst und Holz der Leute vom Hochland. Das funktionierte recht ordentlich, bis jemand aus einem Distrikt etwas Bestimmtes aus einem anderen Distrikt wollte, zum Beispiel eine schöne Holzschnitzerei oder ein besonderes Steinwerkzeug, wie sie nur talentierte Handwerksleute herstellen konnten. Diese Leute wollten also weder Fisch oder Gemüse noch Obst oder Holz, weil sie das schon hatten. Also mussten sie sich etwas anderes ausdenken, womit sich handeln ließ. Unterschiedliche Gegenstände wurden als »Wert« oder »Währung« benutzt, aber am weitesten verbreitet war ein Bündel *Tapa*, ein bestimmtes Tuch, das aus Rinde gefertigt wurde und sowohl als Kleidung diente wie als Decke, das zum Einwickeln gebraucht wurde, als Kerzendochte und als Werg, um Boote abzudichten. Aufgrund seiner vielseitigen Nutzbarkeit wurde Tapa eine der am häufigsten gebrauchten Formen von Geld im alten Hawaii. Tapa von höherer Qualität wurde gegen höherwertige Gegenstände eingetauscht. Mit Tapa betrieb man einen Tauschhandel, wenn es direkt gegen Waren oder Dienste eingetauscht wurde, und es wurde als Geld gebraucht, wenn man etwas erwarb, für das man keine Ware geben und auch keinen Dienst leisten konnte. Tapa wurde solange aufbewahrt, bis es erneut gegen andere Werte weitergetauscht wurde.

Auf der Insel Yap in Mikronesien im westlichen Pazifik benutzt man dreierlei Arten von Geld, zwei aus alten Zeiten und eine moderne. Die merkwürdigste Form von Geld, so wie wir es sehen mögen, sieht wie runde Scheiben oder Räder aus Koralle aus, die etwa zehn bis zwanzig Zentimeter dick sind, mit einem Loch in der Mitte. Der Durchmesser solcher Scheiben rangiert von einem halben oder ganzen Meter bis zu drei oder vier Metern! Ich habe dort einmal eine »Bank« gesehen, die aus einer Hütte mit einem Zaun um den Hof herum bestand, in dem eine Menge solcher Scheiben oder Räder mit verschiedenen Durchmessern gehütet wurden, die verschiedenen Menschen der Gemeinschaft gehörten.

Diese großen Scheiben wurden nur gebraucht, wenn man Grundstücke oder Häuser kaufte und verkaufte, und man kann auf Yap kein Land besitzen, wenn das Geldrad nicht entweder in der Bank liegt oder auf dem Land selbst. Die zweite Art von Geld, eine besondere Muschel, benutzte man, um Bräute zu kaufen, und die dritte, den US-Dollar, um Bier zu kaufen.

Im alten Afrika war die meist verbreitete Form von Geld die Kaurimuschel, obwohl man manchmal auch Gold verwendete. Rund um den Globus herum haben verschiedene Gesellschaften und Kulturen irgend etwas gebraucht, das sie als geldwert erachteten. Das führt uns zur zweitwichtigsten Einsicht im Verständnis von Geld: der Wert als Geld ist immer willkürlich.

Es gibt einen großen Unterschied zwischen dem dem Geld innewohnenden tatsächlichen und dem angenommenen Wert. Gold hat einen eigenen Wert als Material, weil es zu Schmuck verarbeitet oder als Dekoration, zum Beispiel in katholischen Kirchen, benutzt werden kann, weil es glänzt, nicht oxidiert und sich leicht mit anderen Metallen vermischen lässt, um es härter zu machen. Es besitzt unter gewissen Umständen auch einen eigenen Wert als Material für elektrische Verbindungen, weil es nicht oxidiert, allerdings steht dagegen, das es kein besonders guter Stromleiter ist. Gold als Symbol für Erfolg allerdings, als Amulett, um das Böse abzuwehren, und besonders als eine Form von Geld, ist völlig imaginär. Gold als Wert in diesem Sinne ist rein das Produkt willkürlicher Entscheidungen und der Übereinstimmung von hinreichend vielen Menschen hierzu. Gold ist ziemlich selten, das macht es jedoch nicht automatisch wertvoll. Ich habe einen Stein von einem Ort, der Richat genannt wird und tief in der Sahara liegt, der einige ungewöhnliche physikalische Eigenschaften besitzt. Diese Steine sind extrem selten, da sie nur dort und nirgendwo sonst existieren. Leider will mir aber keiner diesen Stein abkaufen oder eintauschen, und so hat er überhaupt keinen Geldwert, obwohl er sehr selten ist.

Unter den Nationen war es lange populär, den so genannten »Goldstandard« zu verwenden. Das bedeutete, dass die gedruckten Geldscheine einer Währung durch Gold »gestützt« wurden. Der Gedanke, dass irgendwo in staatlichen Tresoren Gold sichtbar und fühlbar lagerte, sollte der Bevölkerung das Gefühl vermitteln, dass ihre Währung »sicher« sei. Schließlich kamen genug Leute drauf, dass das nicht nur eine ganz willkürliche Annahme war, da es sich um einen nur vorgestellten Wert handelte. Außerdem wurde es immer unbequemer, Währungen durch Goldlager zu »stützen«, da in der modernen Welt die benötigten Geldmengen immer stärker zunahmen. In den USA – und den meisten anderen Ländern auch – wird Geld durch nichts Greifbares »gestützt«. Wenn überhaupt, so wirkt das Bruttosozialprodukt als Stütze. Das ist ein Ausdruck, der den Wert der gesamten Produktion an Waren und Dienstleistungen aller Einwohner eines Landes in einem bestimmten Jahr bezeichnet, und das ist ja wohl auch eine ziemlich wenig greifbare Angelegenheit.

Die Währung, die du als Geld verwendest, basiert auf dem Wert, den du und andere Menschen ihm zuschreiben. Das tatsächliche Papier und die Münzen haben keinen großen Eigenwert, und sei dein Geld auch noch so hübsch gedruckt, kann es doch sein, dass Menschen aus anderen Ländern ihm keinerlei Wert beimessen. Das Papiergeld der Vereinigten Staaten ist überhaupt nicht schön, und doch gilt der Dollar als einer der wertvollsten Währungen in der ganzen Welt. Ich habe aber einige wunderschöne Fünf-Schilling-Noten der Republik von Biafra, von denen ich mich nur schwer trennen würde. Ich betone all diese Dinge, weil ich damit etwas Spezielles im Auge habe.

Deinen Wert mehren. Der Wert des Geldes in deiner Tasche hängt davon ab, wie wertvoll es denen erscheint, von denen du irgendetwas kaufen möchtest. Genauso hängt der finanzielle Wert deiner Waren und Dienste davon ab, wie wertvoll sie den Menschen erscheinen, deren Geld du dafür haben möchtest. Und das hängt mehr von ihrer Wahrnehmung deiner Persönlichkeit ab als vom eigenen »Materialwert« deiner Waren und Dienste.

Als ich verschiedene Massagerichtungen studierte, belegte ich einen Kurs, um ein Diplom als Massagetherapeut im County von Los Angeles zu erwerben. Es war ein guter Kurs mit guten Lehrern und zusammen mit etwa zwanzig anderen lernte ich die »Esalen-Massage«, die den Standard für eine staatliche Zulassung darstellte. Meine Absicht bestand nicht darin, damit Geld zu verdienen; für alle anderen war dies jedoch der Grund, den Kurs zu absolvieren. Ungefähr nach der Hälfte des Kurses wurden wir ermutigt, für Massagen Geld zu verlangen. Kurz vor Ende des Lehrgangs rief uns der Leiter zusammen und fragte, was die einzelnen für ihre Massagen verlangt hatten. Wir hatten alle dieselbe Massage erlernt, und doch gingen die Preise weit auseinander, von 10 Dollar, die eine nette, aber schüchterne junge Frau verlangt hatte und 100 Dollar, die ein stämmiger und selbstbewusster junger Mann gefordert hatte. Der Schnitt lag bei 35 Dollar.

Der Unterschied hat nichts mit dem tatsächlichen Wert der Massage zu tun. Der einzige Unterschied lag vielmehr im vermeintlichen Wert des Therapeuten. Was war dafür die Ursache? Der Therapeut selber!

Hier sind einige Punkte, die beeinflussen können, wie andere Menschen dich wahrnehmen:

1. Persönliche Energie. Das ist eine andere Möglichkeit, um Charisma zu beschreiben. Ich bin an anderer Stelle schon ausführlich auf die Vorzüge eingegangen.
2. Persönliche Wahrnehmung. Das ist, was du von dir selber hältst, wie du über dich selbst denkst, besonders in der Gegenwart anderer Menschen. Deine eigene Einstellung zu dir beeinflusst andere auf vielfache Weise. Es gibt z. B. einen telepathischen Aspekt: Die Gedanken und Gefühle,

die du von dir und über dich selbst hegst, präsentieren sich gegenüber der Umwelt in deiner Haltung, in deiner Kleidung, in deiner Redeweise, wenn du über dich sprichst und in deiner Arbeit; weiterhin durch feine Veränderungen der Haut- und Muskelspannung, die andere Menschen unterbewusst wahrnehmen; und sogar in deiner Ausstrahlung von Pheromonen, die extrem feine Duftstoffe sind, die auf hoch wirksame Weise die Gefühle anderer zu dir beeinflussen.

3. Persönliche Erwartungen. Das beschreibt, wie du über die Menschen in deiner Umgebung denkst, einschließlich deiner Klienten und Kollegen, deiner Freunde und Verwandten. Noch genauer handelt es sich dabei um die Erwartungen, die du in Bezug auf ihr Verhalten hegst, deine Reaktionen, wenn deine Erwartungen erfüllt oder nicht erfüllt werden. Manche der oben genannten Elemente wirken auch hier.
3. Persönliches Verhalten. Darunter könnte eine ganze Menge fallen, aber ich möchte mich auf einen Aspekt konzentrieren: wie du dich in der Beziehung zu Menschen verhältst, die in irgendeiner Weise mit deinem Einkommen zu tun haben. Dazu gehören natürlich deine Klienten und Kunden, aber auch Lieferanten, Gläubiger und Kontakte allgemein. Je wohler sie sich aufgrund deines Verhaltens ihnen gegenüber fühlen, desto mehr werden sie dir helfen, mehr Geld zu verdienen.

Das sind jetzt einige Dinge, über die du nachdenken kannst. Es folgen nun Dinge, die du tun solltest.

Selbstachtung. Du kannst gar nicht genug Selbstachtung besitzen. Ich spreche nicht von Arroganz oder Dünkel, die lediglich eine geringe Selbstachtung kaschieren. Und ich spreche auch nicht davon, dass du dich mit irgendjemand anderem vergleichen solltest, was ohnehin nur eine Zeitverschwendung wäre. Ich rede davon, deinen Selbstwert in deinen eigenen Augen zu mehren. Dafür schlage ich zwei Schritte vor. Die Reihenfolge ist unwichtig, und man kann sie sogar gleichzeitig machen.

- Entscheide dich, nicht aufgrund von »Fakten« oder Erinnerungen oder Äußerungen anderer Leute, sondern ganz eigenmächtig von dir aus, dass du als Person und was immer du im Gegenzug für Geld anzubieten hast, extrem wertvoll und nützlich für die Welt ist. Übe diesen Gedanken eine Minute lang, dann fünf Minuten, eine Stunde, einen Tag lang.
- Triff eine zweite Entscheidung, die oben genannte Entscheidung nicht in Zweifel zu ziehen und übe diesen Gedanken genauso ein.

Selbstvertrauen. Du kannst auch nie zu viel Selbstvertrauen haben. Ja, ich weiß schon, dass es Leute gibt, die jetzt gleich aufspringen und sagen, dass es gefährlich sei, etwas unternehmen zu wollen, das man in Wahrheit gar nicht könnte, oder dass zu viel Selbstvertrauen einen blind für die Wirklichkeit machen würde. Nun spreche ich allerdings nicht von Dummheit oder Blindheit. Selbstvertrauen heißt zu wissen, was du weißt und zu wissen, was du noch wissen musst. Selbstvertrauen bedeutet, wach für das zu sein, was passiert und dir selbst zu vertrauen, dass du fähig bist, damit in der dir bestmöglichen Weise klar zu kommen. Es hat auch mit dem Vertrauen zu tun, um Hilfe bitten zu können. Und es bezieht sich darauf, dass du davon ausgehst, dass sich die Dinge bestmöglich entwickeln, *nachdem* du alles getan hast, was du tun kannst. Selbstvertrauen heißt auch dir selber zu trauen, dass du alles getan hast, was möglich ist. Es gibt zwei Schritte, um Selbstvertrauen zu entwickeln.

- Vertraue dem, was du kannst und strebe immer danach, das zu verbessern, was du schon kannst, sowohl körperlich als auch geistig.

- Ziehe dich selbst nie in Zweifel, niemals, es sei denn, dass du eine Lösung zur Hand hast, die den Zweifel beseitigt. Übe diese beiden Schritte so wie die zwei Schritte zur Selbstachtung.

Zusatznutzen. Nach der Auffassung der meisten Menschen sind die Vorzüge guter Behandlung wertvoller als spezielle Waren oder Dienste, und sogar mehr wert als Geld. Viele Leute, und ich zähle mich auch dazu, zahlen für eine Ware oder einen Dienst gern mehr, obwohl es anderswo billiger angeboten wird, wenn sie sich als Kunden besser behandelt fühlen.

»Gute Behandlung« oder »bessere Behandlung« bezieht sich auf die Art und Weise, wie Waren und Dienste angeboten werden. Zusatzwaren oder Extradienste können zu den gezahlten noch hinzugefügt werden, und Nachsorge, wenn ein Problem auftritt.

Als ich das letzte Mal ein Auto brauchte, konnte ich auswählen, von welchem einer Reihe von Händlern ich es kaufen wollte. Alle Autos der Art, die ich suchte, waren im selben Preissegment und besaßen mehr oder weniger die gleiche Ausstattung. Ich kaufe schließlich ein Auto einer Marke, die ich seit meiner Teenagerzeit nicht mehr besessen hatte, und das noch von einem Händler, von dem ich noch nie zuvor ein Auto gekauft hatte. Der Preis war gut, aber ich war noch mehr davon beeindruckt, dass der Händler mir weitere Ausstattungsangebote machte, ohne dafür etwas extra zu berechnen; dass er eine kostenlose Autowäsche zusagte, wann immer ich sie wollte, und dass er insgesamt ausgesprochen höflich war. Der Preis und die Qualität des Autos waren wichtige Faktoren, aber der Zusatznutzen gab schließlich den Ausschlag, warum ich gerade dieses Auto kaufte.

Ich arbeite viel am Computer und kann unter einer Reihe von Internetprovidern aussuchen, von denen etliche einen Zusatznutzen in Form von weiteren Einsatzmöglichkeiten anbieten. Ich bin jedoch schon seit Jahren bei einer kleinen Firma, die keine zusätzlichen Dienstleistungsangebote macht oder Rabatte gewährt – ich kann jedoch immer, wenn ich anrufe, mit einer echten Person sprechen, nicht mit einer Maschine. Wer dort auch abhebt, erkennt mich und nennt mich beim Namen, und wenn ich ein Problem habe, nimmt sich der Mensch am anderen Ende geduldig Zeit, um mir mit Fachkenntnis weiterzuhelfen.

Zusatznutzen können in besonderen Features und Extradiensten bestehen. Aber für viele Menschen gibt es nichts Besseres als den Wert von Freundlichkeit, Höflichkeit und persönlicher Bedienung. Der menschliche Faktor, der Respekt vor dem Kunden, kann in Geld gar nicht bewertet werden – und doch kann er dir helfen, mehr Geld zu verdienen, als du das jemals ohne könntest.

Den Zehnten geben

Ich möchte dieses Kapitel mit einigen Gedanken zum häufig missverstandenen Thema des Zehnten abschließen. Der Zehnte geht bekanntlich auf das Judentum und das Christentum zurück, wo man mit der Gabe des zehnten Teils der Ernte oder des Viehs die Priesterschaft unterstützte. Wahrscheinlich ist da auch noch ein Bezug zur landwirtschaftlichen guten Übung, einen Teil der Ernte für die neue Aussaat und einen Teil der Herde für die neue Aufzucht zu gebrauchen, anstatt alles zu konsumieren.

In der modernen Zeit hat eine Veränderung stattgefunden. Religiöse Gruppen nehmen die Idee zwar immer noch als Grundlage, um ihre Organisationen zu unterstützen, aber viele Leute gebrauchen dieses Konzept auch als Basis für Finanzanlagen, als eine Art »säen und züchten« mit Geld. Dann gibt es solche, die Spenden dieser Art als ein gutes Werk betrachten, wenn sie damit spirituelle Gruppen oder Projekte ihrer Wahl unterstützen. Und schließlich gibt es noch die Meinung, dass Spenden zu geben eine gute Methode darstellt, um seinen finanziellen Wohlstand zu mehren. Das stimmt, jedoch anders, als die meisten es glauben.

Eines der Glaubensmuster in manchen Kreisen ist, dass wenn du zehn Prozent deines Einkommens für einen guten Zweck spendest, das Universum es auf magische Weise schafft, dass du hundert Prozent zurückbekommst. Der Umstand, dass das manchmal sogar eintrifft, macht diesen Glauben nur noch stärker. Die Tatsache, dass das aber meistens fehlschlägt, wird fast immer ignoriert.

Es wäre schön, wenn das Universum dir das Zehnfache zurückzahlen würde, wenn du nur zehn Prozent deines Einkommens gibst. Wir könnten das Armutsproblem im Nu gelöst haben. Leider ist das Universum kein gigantischer einarmiger Bandit, der dir zu Gefallen ist. So funktioniert das Universum nicht.

Der Nachteil ist, dass das Universum dir genau das zurückgibt, was du hineinsteckst, und es zahlt in einer Währung aus Glaubensmustern und Erwartungen. Der Vorteil ist, dass das Universum dir genau das zurückgibt, was du hineinsteckst, und es dir in einer Währung aus Glaubensmustern und Erwartungen zahlt. Schreibe jetzt bitte nicht an den Verlag. Das ist kein Druckfehler. Ich meine genau das, was ich hier geschrieben habe.

Wenn Spenden zur Mehrung deines finanziellen Wohlstands ist, das heißt, wenn du Geld gibst und mehr zurückbekommst, so geschieht das aus zwei Gründen. Der eine ist, dass du in dem Ausmaß, wie du ohne jeden Zweifel daran glaubst, mehr zurückzubekommen als du gegeben hast, das Universum dazu bewegst, diesen Glauben deinerseits zu erfüllen; es schafft die entsprechenden Umstände dafür. Der zweite Grund ist, dass, falls du Geld gibst und das dein Gefühl von Wohlstand vergrößert, das Universum dieses Gefühl entsprechend erfüllen wird, indem es dir Mittel schickt, deinen Wohlstand bis zu dem Niveau deines jetzigen Wohlstandsgefühls anzuheben.

Sehr einfach gesagt: falls du in der Hoffnung spendest (ob es nun der Zehnte ist oder ein anderer Betrag), dass das Universum es dir zurückzahlt, weil es das tun sollte, dann wirst du keine sehr guten Ergebnisse erzielen. Falls du mit der unbestimmten Erwartung spendest, dass es funktioniert, dann wirst du entsprechend deiner Erwartungshaltung etwas zurückbekommen. Falls du spendest und dich das reicher fühlen lässt, wirst du in Entsprechung zur Stärke deines Gefühls etwas zurückerhalten.

Spenden ist gut für die Menschen, denen du spendest. Daran besteht kein Zweifel. Falls das dein einziger Grund ist, werden deine Vorteile zwar vielleicht nicht finanzieller Natur sein, aber sie sind trotzdem real.

10. Das Restaurant der Welt

Ana'oia i ka hopena
Wahrheit bemisst sich an den Ergebnissen

Wir leben in einer Welt von Möglichkeiten und Wahrscheinlichkeiten, und es ist wichtig, diesen Unterschied zu kennen, um Erfolg und Wohlstand in der kürzest möglichen Zeit zu vermehren.

Eine Möglichkeit ist alles, was nach der Natur des Universums geschehen kann. Auf der Grundlage des zweiten Huna-Prinzips, dass es keine Grenzen gibt, ergibt sich die Lehre oder Einsicht, dass das Universum unendlich und deshalb alles möglich ist.

Eine Wahrscheinlichkeit ist alles, was entsprechend der Beschränkungen der lokalen Begrenzungen vermutlich geschehen wird. In unserem Leben ist jetzt zwar alles möglich, aber nicht alles ist wahrscheinlich. Die Unterscheidung ist wesentlich. Das möchte ich so erklären: Alles ist möglich, wenn du herausfindest, wie du es anstellen sollst.

Wahrscheinlichkeiten entstehen aus Mustern. Das ist fast so, als ob man einen Samen sät, denn jeder Same ist das Muster für eine ganz bestimmte Pflanze, die aus ihm entstehen kann. Wenn du diesen Samen säst, bekommst du eine »wahrscheinliche Pflanze«, also eine solche, die höchstwahrscheinlich aus diesem Samen keimt. Du bekommst normalerweise keinen Apfelbaum, wenn du eine Eichel in die Erde gibst. Innerhalb der Bandbreite wahrscheinlicher Möglichkeiten liegt, dass ein Eichhörnchen die Eichel ausgräbt, bevor sie aufgeht. Eine weitere ist, dass sie nur auf eine bestimmte Höhe aufkeimt und dann ein Reh die junge Pflanze abknabbert; eine dritte ist, dass sie zwar höher wächst, aber jemand den Trieb abbricht, um ihn für irgendetwas zu verwenden. Schließlich gibt es die ebenso wahrscheinliche Möglichkeit, dass aus der Eichel eines Tages eine mächtige Eiche wird, und so fort. Innerhalb des Potenzials der Eichel stecken alle möglichen Wahrscheinlichkeiten, aber sie entspringen alle der Eichel. Alle verschiedenen Wahrscheinlichkeiten müssen sich also auf die Samen beziehen, die gesät werden, ob sie nun physischer oder anderer Natur sind. Die Samen, die für deine zukünftigen Lebenserfahrungen von Bedeutung sind, sind deine Gedankenmuster und die Verhaltensmuster, die du aufgrund dieser Gedankenmuster entwickelt hast.

Die Spiele-Metapher

Eines meiner Lieblingsbilder für dieses Thema ist das Dame-Spiel. Du weißt sicher, dass es dabei vierundsechzig Felder gibt, jeweils die Hälfte weiße und schwarze, und zwei Spieler, die jeweils sechzehn Steine haben. Sinn des Spiels ist, nach bestimmten Regeln dem Gegner viele Steine wegnehmen zu können und mit möglichst vielen eigenen Steinen das andere Ende zu erreichen, um einen einfachen Spielstein in eine Dame umwandeln zu können, der dann nicht nur vorwärts, sondern auch rückwärts springen kann.

Da unser Universum nun einmal unendlich und alles möglich ist, könntest du ohne weiteres deinem Gegner in einem unbeobachteten Moment Steine stiebitzen oder mehrere deiner Steine ans andere Ende setzen und sie zu Damen erklären. Allerdings würdest du dann nicht mehr Dame spielen. Wenn du dich auf ein bestimmtes Spiel einlässt, dann musst du alle Regeln einhalten, sowohl die Spielregeln wie jene, die den Rahmen des Spiels vorgeben und damit auch einschränken.

Das Leben selbst ist in vielerlei Hinsicht wie ein Spiel. Die einschränkenden Regeln des Lebens, der Rahmen gewissermaßen, so wie sie beim Dame-Spiel das Spielbrett und die Anzahl der Spielsteine darstellen, sind hier Zeit, Raum, Schwerkraft, Elektromagnetismus, und so fort. Die Vorstellungen, die wir *von* und *über* diese Dinge hegen, sowie über alles andere im Leben, sind die Spielregeln. Wir können also unser ganzes Leben lang Dame spielen, oder wir können die Spielregeln ändern und auf demselben Spielbrett ein anderes Spiel spielen. Wenn wir die Huna-Prinzipien benutzen, und eine gesunde Dosis schamanistisches Denken dazugeben, ist das, als ob wir dasselbe Brett verwenden, aber die Spielregeln ändern, und auch die Gestalt und die Namen der Spielsteine – und auf einmal Schach spielen. Indem wir Spielregeln geändert haben, haben wir eine weithin höhere Anzahl von Möglichkeiten und Wahrscheinlichkeiten innerhalb desselben Raum- und Zeitrahmens eröffnet.

Die Restaurant-Metapher

Meine Frau findet, dass die Spiele-Metapher zu intellektuell ist. Als ausgebildete Ernährungsberaterin denkt sie sich das Universum lieber als ein riesiges Restaurant mit einer buchstäblich unendlichen Speisekarte, einem extrem vielseitigen Chefkoch und einem besonders aufmerksamen Ober. Du kannst alles bekommen, was auf der Karte steht, unter zwei Bedingungen:

1. Es muss zu dem Zeitpunkt verfügbar sein, wenn du es bestellst.
2. Du musst dem Ober deine Bestellung geben.

Wenn du in ein normales Restaurant gehst, kannst du am Tisch sitzen bleiben, bis das Restaurant schließt, aber du bekommst nichts serviert, bis du dem Ober nicht sagst, was du möchtest. Dasselbe gilt im Restaurant des Universums, das ich ab jetzt RU nennen möchte. Der Unterschied im RU ist, dass der Kellner, sobald du dich hinsetzt, dir automatisch das serviert, was du beim letzten Mal bestellt hast, es sei denn, dass du deine Bestellung änderst. Und falls du etwas bestellst, das derzeit nicht verfügbar ist, wie zum Beispiel bestimmtes Obst außerhalb der entsprechenden Jahreszeit, wird der Ober dir etwas anderes vorschlagen, zumindest solange, bis das, was du dann bestellst, im RU derzeit auch vorhanden ist.

Das bezieht sich nun auf alles, aber im Rahmen dieses Buches besonders auf Erfolg und Wohlstand. Der Erfolg, den du in diesem Augenblick hast, dein finanzieller und materieller Erfolg, die Mittel, die du gegenwärtig einsetzen kannst, deine Umwelt und Umgebung, wie sie jetzt ist – all das sind Wahrscheinlichkeiten, die aus deinen früheren bzw. bisherigen Denk- und Verhaltensmustern erwachsen sind. Es ist nicht einfach Zufall, was jetzt vorhanden ist. In diesem Universum gibt es nichts, was ohne Ursache geschieht. Deine künftigen Wahrscheinlichkeiten werden eben jetzt, in diesem Augenblick, durch deine jetzigen Denkweisen und deine derzeitigen Verhaltensmuster gesät.

Falls du wirklich wissen möchtest, wie dein Wohlstand in der Zukunft aussieht, brauchst du dazu kein Medium, das dir sagt, ob du reich oder arm sein wirst. Du brauchst nur dein gegenwärtiges Denken und Handeln zu betrachten. Das wird dir ein klares Bild von deinen künftigen Erfolgsaussichten vermitteln.

Glücklicherweise ändert sich die Karte im RU täglich. Deine Gegenwart ändert sich laufend, und du hast die Möglichkeit, dein Denken und dein Verhalten zu verändern. Deshalb besitzt du die Fähigkeit, andere Samen zu säen bzw. ein anderes Gericht zu bestellen – und deshalb besitzt du auch die Gabe, daraus eine andere Zukunft zu erschaffen. Zu keinem

Zeitpunkt bist du auf das festgelegt, was du jetzt gerade vor dir hast, wie du ja auch nicht zum Frühstück, Mittagessen und Abendessen immer dasselbe essen musst.

Noch etwas sehr Hübsches am Restaurant des Universums ist, dass sie eine besondere Garantie geben. Wenn dir irgendetwas nicht schmeckt, kannst du es zurückschicken und etwas anderes bestellen – der Koch hat nichts dagegen. Und wenn du gut aufpasst, kannst du auch die gelegentlichen Sonderangebote nutzen.

Wie man Veränderungen bewerkstelligt

Die Hauptbotschaft ist einfach: Falls du etwas ändern möchtest, musst du etwas ändern! Wenn du andere Lebenserfahrungen möchtest, musst du etwas unternehmen, um deine derzeitigen Einstellungen und Verhaltensweisen so zu verändern, dass du diese neuen und erwünschten Erfahrungen selber anziehst. Das heißt, dass du neue oder andere Samen säen musst, dass du die Spielregeln ändern oder etwas anderes von der Speisekarte des Lebens bestellen musst.

Das sind alles nur unterschiedliche Arten, dieselbe Erfahrung zu umschreiben. Es spielt keine Rolle, welche dir lieber ist, solange du nur ein Gefühl für das Konzept bekommst, das dahinter steht. Zu irgendeinem Zeitpunkt ist Veränderung notwendig.

Vielleicht gibt es in deinem Leben jetzt Dinge, die du gern hast, die du behalten möchtest. Dann solltest du dieselben Einstellungen und Handlungsweisen beibehalten, die dazu bislang geführt haben. Manche Dinge willst du vielleicht nur ein bisschen verändern. Dann solltest du dein Denken und Handeln auch ein bisschen verändern. Und manches möchtest du vielleicht komplett ersetzen; dann musst du in diesem Bereich das entsprechende Denken und Verhalten ebenso komplett erneuern – denn deine bisherigen Einstellungen auf diesem Gebiet haben ja das bewirkt, was du nun ganz austauschen willst.

Falls du versuchst, dein Leben zu verändern, ohne dich selbst zu verändern, wirst du keine Ergebnisse erzielen. Du musst etwas im Inneren ändern, etwas, was du von dir selber hältst bzw. wie du dich bewertest, oder etwas, wie du Ereignisse oder die Umwelt siehst.

Wie vollziehst du nun aber Veränderungen? Das ist das wirklich Wesentliche. Wie veränderst du deine gegenwärtige Situation in eine, die glücklicher, produktiver, erfüllter ist, oder was du sonst noch möchtest? Es gibt mehrere Möglichkeiten, das zu machen – aber sie alle haben mit Veränderung zu tun.

Verändere deine Urteile. Urteile sind deine Entscheidungen darüber, ob etwas gut oder schlecht. Ist. Wenn du in einer bestimmten Situation bist und sie schlecht nennst, wirst du Widerstand dagegen leisten, dagegen ankämpfen oder sie zumindest ablehnen. Das ist eine sichere Methode dafür, dass sie so bleibt wie sie ist. Denn in deiner Auflehnung dagegen und in deiner Auseinandersetzung damit widmest du ihr deine Aufmerksamkeit, fokussierst du dich auf die Situation so, wie sie jetzt gerade ist – und damit hältst du sie »am Leben«. Wenn du ein bestimmtes Gehalt hast oder einen bestimmten Job und dies als schlecht bezeichnest und sagst »Das halte ich nicht aus« und so fort, trägst du dazu bei, dass dieser Zustand in deinem Leben bestehen bleibt, oder zumindest ein sehr ähnlicher, einfach schon deshalb, weil du so sehr dagegen ankämpfst. Wenn du dein Urteil darüber loslässt, es aufgibst und wirklich und wahrhaftig gleichgültig bist (im Wortsinne gleich gültig, also neutral), wenn du deine Gefühle also nicht unterdrückst oder verdrängst, sondern wirklich gleichgültig bist, dann löst du damit den Druck auf, den du eingesetzt hast, um dagegen anzukämpfen. Wenn du aufhörst, dagegenzudrücken, wird sich der Zustand von selber verändern, und das bedeutet, dass du anfängst, neue, andere Lebenserfahrungen zu machen. Vielleicht wird die Arbeit besser, vielleicht macht sie mehr Spaß, vielleicht bekommst du eine Gehaltserhöhung, oder eine andere Gelegenheit ergibt sich. All die Dinge, die du mit deinem negativen Fokus zurückgehalten hast, werden nun freigesetzt und das führt zu einem Fließen reinigender Energien. Wenn du also etwas als schlecht oder negativ bewertet hast und das jetzt änderst, so vermag bereits diese Handlung deinen Erfolg deutlich zu verbessern.

Verändere deine Interpretation. Interpretation ist etwas anderes als Urteil. Dabei geht es nicht um deine Entscheidung, ob etwas gut oder schlecht ist, sondern dass du entscheidest, dass etwas auf bestimmte Weise existieren soll. Jemand sagt zum Beispiel »Nun gut, ich kann 20.000 oder 30.000 oder 40.000 Euro im Jahr verdienen, das ist meine Grenze.« Damit entscheidet er, was seine Interpretation dessen ist, was »Grenze« bedeutet. Schauen wir uns weitere Interpretationen des Lebens und seiner Möglichkeiten an, wenn Menschen zum Beispiel einen der folgenden Sätze sagen (oder ähnliche): »Ich habe kein Talent« – »Ich habe nicht genug Erfahrung, um meinen Job zu wechseln oder meine Situation zu verbessern.« – »Ich bin eine Frau, bestimmte Jobs bekomme ich nicht.« – »Ich bin zu alt ... (für bestimmte Jobs oder Einkommensgrößen).« – »Ich kann nie richtig Geld verdienen.« – »Geld rinnt mir immer durch die Finger.« Das alles sind nur Interpretationen der Realität, die auf eigenen Entscheidungen beruhen, nicht auf Tatsachen. Und falls du solche Interpretationen machst, werden sie solange für dich zutreffen und wahr sein, wie du an ihnen festhältst. Eine Möglichkeit, diesen Zustand zu verändern, besteht darin, die Interpretationen deiner gegenwärtigen Wirklichkeit zu verändern. Du kannst das Ganze anschauen und sagen »Mensch, was wäre, falls das gar nicht so stimmt? Was wäre, wenn ich anfangen würde, mich so zu verhalten, als ob es nicht wahr wäre?« Das ist eine Methode, diesen Prozess anzufangen. Du kannst sogar anfangen so zu tun, als ob diese neue Idee schon real ist. »Ja, ich bin eine Frau und kann Vorstandsvorsitzende der Deutschen Bank werden«, oder was auch immer. Wenn eine Frau eines Tages Vorstandsvorsitzende der Deutschen Bank wird, dann muss es eine sein, die daran glaubt, dass es möglich ist. Irgendwann auf deinem Weg musst du daran glauben, dass etwas Bestimmtes möglich ist, wenn du es willst. Du musst die Wirklichkeit neu interpretieren.

Verändere deine Erwartungen. Wenn du im Innersten und von ganzem Herzen das Schlimmste erwartest, wirst du es vermutlich bekommen. Erwartungen unterscheiden sich von Urteilen und Interpretationen. Erwartungen sind ein faszinierendes Forschungsgebiet. Vor der Großen Depression der dreißiger Jahre, kurz vor der Wirtschaftskrise und dem Börsenkrach von 1929, gab es einen Mann, der im Süden der Vereinigten Staaten ein Restaurant besaß. Es war ein wunderbares Restaurant. Man bekam große Portionen serviert; Reklametafeln entlang der Straßen wiesen auf das Restaurant hin, und wer immer hier Halt machte, bekam ein phantastisches Essen und eine exzellente Bedienung. Das Restaurant machte hohe Umsätze und wurde erweitert. Dann kam die Depression. Der Restaurantbesitzer im Süden der USA schenkte der Wirtschaftskrise keine Beachtung. Sein Geschäft lief gut, er stellte mehr Leute ein, die Menschen hielten immer noch auf ihren Reisen bei ihm Einkehr – alles lief wirklich gut. Eines Tages kam sein Sohn vom College in den Nordstaaten und sagte: »Dad, was machst du denn? Wir haben doch eine Wirtschaftskrise! Weißt du nicht, dass die ganze Wirtschaft zusammenbricht?« Sein Vater antwortete: »Nein, von was redest du eigentlich?« Sein Sohn erklärte ihm dann: »Dad, die Wirtschaft bricht zusammen und du weißt gar nicht, was das bedeutet. Die Leute verlieren ihre Arbeit, es gibt nicht genug Geld, die Vorräte werden weniger. Du kannst doch nicht einfach so weitermachen.«

Der Mann war ungebildet und dachte, sein Sohn müsste schon wissen, wovon er redete. Also machte er seine Portionen kleiner, stellte nicht mehr so viele Leute ein und entließ sogar ein paar, von denen er glaubte, er würde sie vielleicht nicht mehr brauchen. Dann überlegte er, dass die Reklametafeln entlang der Straßen auch eine Menge Geld kosteten, und wenn jetzt wegen der Wirtschaftskrise weniger Kunden kommen, bräuchte er die Tafeln auch nicht mehr. Er nahm also einige Tafeln ab und erneuerte die Verträge für die anderen auch nicht mehr. Und wie zu erwarten stand, kamen weniger Kunden und das Geschäft ging immer schlechter. Das Restaurant wurde unansehnlich und sah wenig einladend aus, das Essen wurde schlechter, bis das Restaurant schließlich seine Pforten schließen musste. Als er die Tür hinter sich zum letzten Mal schloss, sagte der Mann zu seinem Sohn »Du hast recht, Sohn, wir haben eine Wirtschaftskrise.«

An diesem Beispiel lässt sich rasch erkennen, wie die Erwartungen des Mannes den Niedergang seines Restaurants bewirkt hatten. Und zwar die Erwartungen, was ein spezieller Begriff bedeuten sollte. Depressionen, Repressionen, Oppressionen (Unterdrückungen) und alle anderen »ssionen« bedeuten gar nichts für jemanden, der sich entscheidet, nicht daran zu glauben. Es gibt Regionen auf der Welt mit ernsten wirtschaftlichen Krisen und Problemen, und direkt daneben gibt es Gebiete, in denen man von Schwierigkeiten nichts bemerkt. Vielleicht denkst du, das sei so, weil sie in diesen Gebieten genug Geld haben. Ich schlage vor, mal darüber nachzudenken, warum sie viel Geld haben. Das kann nicht nur Erbe sein, denn viele Menschen erben Geld und verlieren es schnell wieder. Es kann sich auch nicht nur um Ausbeutung handeln, da viele arme Leute andere ausbeuten und viele reiche Leute anderen helfen. Du kannst alle möglichen äußerlichen Entschuldigungen oder Ausflüchte erfinden, um Unterschiede in Reichtum und Erfolg zu erklären, dabei wirst du dich am Ende aber nur hilflos oder wütend fühlen.

Die echten Unterschiede kommen jedoch von innen. Die Menschen, die nicht vom Mangel betroffen sind, kümmern oder sorgen sich auch nicht darum, sie kämpfen nicht dagegen an, sie haben keine Angst davor – sie haben einfach andere Erwartungen. Manche dieser Menschen haben diese andere Einstellung vermutlich unbewusst aufgenommen als sie heranwuchsen, aber andere haben sich diese Haltung zweifellos erarbeitet. Und das ist der Grund, warum sie haben was sie haben, und warum sie so handeln wie sie handeln. Da eine Erwartung nun gleichzeitig ein Glaubensmuster ist, besitzt du die Fähigkeit, deine Erwartungen zu verändern – und so eine andere Art von Wahrscheinlichkeit in dein Leben hineinzuziehen.

Verändere deinen Fokus. Das ist wieder etwas anders als die vorangegangen Schritte. Beim ersten ging es darum, ob du dich auf etwas Gutes oder auf etwas Schlechtes ausrichtest; bei zweiten darum, welche Deutung du einem Geschehen gibst und beim dritten, auf welche Erwartungen du dich konzentrierst. Das hat natürlich auch alles mit dem Fokus zu tun. An dieser Stelle geht es jedoch darum, dass du die gesamte Struktur deines Denkens änderst. Es geht nicht mehr um ein Glaubensmuster hier oder dort, sondern um die Art und Weise, wie du etwas anschaust und darüber denkst. Verändere deine ganze Denkstruktur, schau die Dinge von einem völlig neuen Gesichtspunkt aus an. Manchmal ist das radikal genug, um die Wahrscheinlichkeit zu ändern, die du damit hineinbringst.

Wenn du irgendeine der vorgeschlagenen Veränderungen durchführst, gleich welchen Prozess du dafür benutzt, dann ist es wichtig, dir darüber bewusst zu sein und zu bleiben, was du eigentlich möchtest. Das kann sich darin manifestieren, dass du Ziele setzt, aber so förmlich muss es nicht sein. Du brauchst jedoch in deinem Geist, in Verstand und Gemüt, Hinweise darauf, welche Art von Leben du führen möchtest und welche Veränderungen an deiner derzeitigen Situation du bereit bist zu machen.

Das bringt sogar schon ein Stückchen Veränderung mit sich, weil das bedeutet, dass du dich für andere und neue Möglichkeiten öffnen musst. Wir sprechen hier nicht von Wahrscheinlichkeiten, sondern über Möglichkeiten – weil du mit Möglichkeiten anfangen musst. Wenn du auf diese Möglichkeiten hin arbeitest, werden sie zu Wahrscheinlichkeiten.

Zuallererst ist es ist wichtig zu wissen, dass alles, was ein anderer Mensch geschafft hat, auch dir möglich ist. Vielleicht nicht wahrscheinlich angesichts deiner eigenen Denk- und Verhaltensmuster, aber dennoch möglich. Deine Begrenzungen sind ja nur solche, die jedes andere menschliche Wesen auch irgendwie hat. Und dann musst du bereit und fähig sein, deine eigenen Talente, Fähigkeiten, Neigungen und Antriebe zu erkennen und zu begreifen, dass sie alle das Potenzial einer erfolgreichen und auch wahrscheinlichen Zukunftsmöglichkeit für dich bilden. Falls du dich auf eines deiner Talente oder Fähigkeiten oder Antriebsmomente wirklich konzentrieren würdest, könnte dir das die erfolgreiche Umsetzung und Verwirklichung bringen. Hast du Spaß an der Idee, eine Yacht zu besitzen, die eine halbe Million kostet? Auch das ist möglich, denn solche Yachten gibt es ja. Es ist auch dir möglich! Hast du Freude an der Idee, in einer Villa mit Blick aufs Meer zu leben? Das ist möglich, denn es gibt ziemlich viele solcher Villen überall auf der Welt. Nichts von dem, was andere Menschen tun oder haben, ist dir unmöglich zu tun oder zu haben. Es existiert ja alles schon. Du musst nur noch die Wahrscheinlichkeiten dafür verändern. Und das machst du, indem du die Art und Weise, wie du über etwas denkst, neu formst, indem du neue Denkstrukturen aufbaust.

Hier ist eine Methode, die ich »Gelöste Bindung« nenne.

1. Der erste Schritt ist Bewusstheit deiner selbst als Spirit oder reines Bewusstsein. Praktisch gesagt: du erkennst und erspürst, dass du nicht dein Körper bist, sondern nur einen Körper hast. Genauso bist du keiner der Umstände, Zustände und Bedingungen deiner Umwelt und Umgebung, du bist damit nicht identifiziert. Dieser erste Schritt ist der Prozess der De-Identifizierung von der Situation, in der du dich befindest und all ihrer einzelnen Verbindungen, was immer sie sein mögen. Es geht um eine Erkenntnis bzw. Verwirklichung dessen, dass du wirklich das bewusste Sein bist, welches all diese Dinge wahrnimmt.
   Wenn du zum Beispiel meinst »Ich bin pleite«, ist das von diesem neuen Standpunkt aus betrachtet keineswegs so. Denn als Spirit, als Bewusstheit, als Bewusst-Sein, kannst du gar nicht pleite sein. Wenn du sagst: »Ich bin wütend« oder »Ich bin arm« oder »Ich bin behindert« oder was sonst, geht es bei diesem ersten Schritt also darum zu erkennen, dass du selbst das gar nicht bist. Es ist ein Zustand, dessen du dir bewusst bist, aber das bist nicht du.
   Der erste Schritt besteht also darin, die Identifikation mit der Situation zu lösen. Wenn du damit anfängst, stellt sich ein recht seltsames Gefühl ein, das ich als freies Schweben bezeichne. Es ist erstaunlich, wie Spannungen, die sich auf eine bestimmte Situation beziehen, in der du steckst, geradewegs hinausschweben und abfließen, weil du nicht direkt engagiert bist, weil du die vermeintliche Verstrickung, die Identifikation damit gelöst hast. Du bist das Auge, das wahrnimmt und sieht.
2. Der zweite Schritt besteht darin, dich auf den Zustand zu fokussieren oder zu konzentrieren, den du für jemanden oder etwas anstrebst. Wir wollen das am Beispiel von Geld durchspielen. Als reines Bewusstsein brauchst du kein Geld. Wofür brauchst du als reiner Spirit Geld? Also schaust du dich in deinem Leben um und überlegst »Wer

braucht wirklich Geld?« Na, die Bank oder der Vermieter brauchen Geld. Von diesem Blickpunkt her fokussierst du dich darauf, dass die Bank oder der Vermieter regelmäßig jeden Monat das Geld bekommen, was sie brauchen. Du programmierst also eigentlich Bank oder Vermieter. Schließlich haben sie ja ihr Kapitel eingesetzt und dir einen Kredit gegeben bzw. ihre Wohnung vermietet, und nun wollen sie Rückzahlungen bekommen. Du richtest dich also darauf aus, dass sie ihr Geld bekommen, und zwar als eine Art Dienstleistung.
Merkst du etwas? Du denkst, dass deine Kinder Essen und Kleidung brauchen und Geld für alle möglichen Dinge. Super. Du fokussierst dich darauf, dass sie alles bekommen, was sie brauchen. Sieh sie als gut gekleidet an, als gut ernährt, mit Taschengeld versorgt und in einem Leben der Fülle. Und vielleicht sagst du zu dir selber »Mensch, ich brauche auch mal neue Kleidung. Ich kann nicht jeden Tag in diesen Fetzen herumlaufen.« Warte mal: als reiner Geist, als reines Bewusst-Sein brauchst du keine Kleidung, dein Körper braucht sie vielmehr.
Von diesem Standpunkt der Loslösung ist das also, als ob du einen Schritt zurücktrittst und sagst »Okay, Körper, ich merke, dass du Kleidung brauchst und ich mag dich, ich schätze dich und ich möchte gern, dass du neue Kleidung bekommst.« Dein neuer Fokus ist also auf deinen Körper gerichtet und dass er neue Kleidung bekommt oder auf das Geld, um es für alles Mögliche auszugeben, das der Körper braucht – während du dir die ganze Zeit über bewusst bleibst, dass das nichts direkt mit dir zu tun hat. Du fühlst dich verbunden, weil dir am Körper liegt, weil du ihn schätzt – die Bindung hat also mit der Fürsorge zu tun, die du spürst. Du bist und bleibst aber gelöst, weil du nicht unmittelbar an dir selbst arbeitest, weil du nicht direkt selber betroffen bist. Du kannst dich selbst ja gar nicht wohlhabend machen, weil dein Selbst nicht irdisch ist. Sicher

merkst du schon, wie dieser neue Gesichtspunkt wirkt. Du hast dich selbst ein bisschen zurückgenommen, bist einen Schritt zurückgetreten, und das macht dich freier, weil es gar nicht um dich selbst geht. Du bist jetzt frei, die ganze Energie und deine Konzentration und die Hilfe auf alles und jeden um dich herum auszurichten. Dieser Ansatz wirkt ungeheuer befreiend.

3. Der dritte Schritt hat damit zu tun, jeden Widerstand gegen das, was ist, aufzulösen. Denn viele Menschen werden durch ihr Ankämpfen gegen das, was jetzt bereits ist, in ihrer Fähigkeit gestoppt, die bestehenden Muster zu ändern und neue Wahrscheinlichkeiten herbeizuführen. Sie sagen vielleicht zum Beispiel: »Na ja, jetzt lebe ich in einer Hütte und ich will in einer Villa wohnen«, und sie sehen ihre Hütte jeden Tag voller Ingrimm an und denken sich dabei: »Wie kann ich das nur ändern und aus dieser Hütte eine Villa machen?« Und sie ärgern sich ständig über die Diskrepanz zwischen Hütte und Villa.

. Dieser Widerstand, dieser Kampf gegen das, was jetzt da ist, blockiert die Veränderungsenergie. Das ist ganz wichtig zu erkennen: Die Wahrscheinlichkeit, die du jetzt gerade erfährst und erlebst ist eine ganz eigene, in sich geschlossene Wahrscheinlichkeit. Was du pflanzt, oder anziehst oder bestellst, ist eine ganz andere, getrennte Wahrscheinlichkeit. Die hat nichts mit der ersten zu tun. Die Wahrscheinlichkeit, die du jetzt hast, steht der neuen Wahrscheinlichkeit nicht im Wege.

4. Der vierte Schritt ist sehr einfach. Er besteht darin, solange daran festzuhalten, bis du bekommst, was du möchtest. Das heißt: du wiederholst die ersten drei Schritte immer wieder. Du entscheidest dich also nicht nur ein einziges Mal für etwas und vergisst es dann. Das wäre, wie wenn du eine Pflanze setzt und sie nicht gießt, oder ein Gericht bestellst und das Restaurant verlässt. Vielmehr bewahrst du dir deine Einstellung gelöster Bindung und machst weiter damit, dich auf

all die Dinge, Orte und Menschen um dich herum in einem Geiste des Dienens auszurichten. Du lässt weiter los, was ist, du belässt es ohne dagegen anzukämpfen, du akzeptierst Veränderungen, wie und wann sie sich gerade ergeben. Du bleibst also im Prozess der ersten drei Schritte.

Ähnliche Entsprechung

Immer, wenn du dich auf etwas fokussierst, reagiert das Universum sofort und antwortet umgehend darauf. In dem Maße jedoch, in dem du Angst oder Zweifel hegst, reagiert es üblicherweise mit Alternativen zu deinem Wunsch. Du bittest das Universum zum Beispiel um einen weißen Mercedes und bekommst stattdessen einen blauen Ford. Das wäre eine »ähnliche Entsprechung«. Das bedeutet nicht, dass du keinen weißen Mercedes haben sollst; vielmehr ist ein blauer Ford augenblicklich die stärkste Wahrscheinlichkeit angesichts dessen, was zur Verfügung steht und wie groß deine Zweifel sind.

Ein Freund von mir startete einen starken Fokus auf Geld für das Projekt, an dem er arbeitete. Kurze Zeit später wollte er Dinge, die jemand bei ihm im Büro vergessen hatte, demjenigen zurückbringen, und bemerkte dabei einen Scheck über eine hohe Summe, der aber keinen Empfängernamen trug. Es stand nun in seiner Möglichkeit zu sagen »Gut, das Universum hat mir diesen Scheck geschickt, das wäre eine ähnliche Entsprechung.« Aber es lag nicht im Rahmen seiner ethischen Wahrscheinlichkeit, und deshalb löste er den Scheck nicht ein. Er dankte dem Universum aber trotzdem: »Schöner Versuch, Universum. Beim nächsten Mal doch bitte etwas anders.«

Wenn du anfängst, dich mit einer klaren Ausrichtung auf etwas zu konzentrieren, bekommst du anfangs oft ähnliche Entsprechungen. Das kann in Form von tatsächlichen, physisch greifbaren Sachen sein, oder in Dingen, die du in den Nachrichten, im Fernsehen, in der Zeitung oder in einem Telefongespräch erfährst. Du musst dich entscheiden, ob du das, was als Alternative zu deinem ursprünglichen Wunsch auftaucht, akzeptierst oder weiterarbeitest, bis du etwas erhältst, das dir mehr zusagt. Bei dem Autobeispiel, falls du dich auf einen weißen Mercedes mit blauen Lederpolstern fokussiert haben solltest, könnte zum Beispiel die Chance auftauchen, dass du einen grünen mit schwarzem Leder innen haben könntest. Nun kannst du sagen »Danke, Universum, den nehme ich.« Das wäre also eine ähnliche Entsprechung, und du würdest die Abweichung vom ursprünglichen Fokus akzeptieren. Oder du könntest sagen »Danke, Universum, aber den wollte ich nicht; ich werde weiter daran arbeiten.« Oder auch, »Danke, Universum. Den fahre ich, bis du mir den bringst, den ich möchte.« Dem Universum ist das egal. Es wird dir das bringen, was deinen Erwartungen, Interpretationen, Urteilen, Ängsten, Zweifeln und deinem Fokus am nächsten kommt.

Mal hat mich jemand gefragt, ob es auch funktionieren würde, wenn man sich auf einen einsamen Berg in Neu-England zurückziehen und auf ein grünhaariges Mädchen mit blauer Haut konzentrieren würde. Natürlich würde das – auf irgendeine Weise – geschehen, sofern man genug Energie dafür einsetzte und lange genug fokussiert bliebe. Wenn wir darüber mal ganz praktisch nachdenken, im Hinblick auf die äußere Realität, könnte das auf mehrfache Weise geschehen. Vielleicht dreht irgendjemand da oben ein Film und seine Schauspieler sind so ausstaffiert und maskiert. Vielleicht landet ein Raumschiff dort und ein blauhaariges Mädchen mit grüner Haut käme vorbeigelaufen. Es gibt eine Reihe von Möglichkeiten, wie sich das ereignen könnte. Die Wahrscheinlichkeiten sind ziemlich gering, aber mit genügend starkem Fokus könnte eine ähnliche Entsprechung auftauchen.

Es geht darum: wenn du eine klare Ausrichtung und Konzentration auf etwas hast, wird das Universum irgendetwas tun, um das zu bewirken und zu erfüllen. Das Universum hat keine Grenzen, es ist »von Fülle erfüllt«. Was es zur Verfügung stellen kann, wird es auch tun – aber es versorgt dich nur mit dem, was dem wahrscheinlichen Muster deines Fokus entspricht.

11. Angst vor Entscheidungen

Maka'ala ke kanaka kahea manu
Ein Mann, der die Vögel ruft, sollte immer bereit sein -
Sei bereit, die Gelegenheit beim Schopfe zu ergreifen

Meine Mutter hatte mir einmal für meinen Schreibtisch eine kleine Zielscheibe für Wurfpfeile geschickt, und Miniaturpfeile dazu. Auf der Scheibe standen verschiedene Aussagen wie »arbeite in der Früh, arbeite spät, tu es jetzt, mach es morgen, nimm dir Urlaub« und so weiter. Es sollte sehr beschäftigten Managern helfen, Entscheidungen zu treffen. Ich wurde ziemlich gut darin, nach Belieben das Segment zu treffen, auf dem »Nimm dir Urlaub« stand, aber das hat mir auch nicht viel weiter geholfen.

Wäre es nicht schön, wenn es eine absolut sichere Methode gäbe, immer die richtigen Entscheidungen zu treffen? Ich meine eine Methode, die besser ist, als nur eine Münze zu werfen, eine Horoskop zu erstellen, ein Rad zu drehen, einen Pfeil zu werfen? Wer so etwas entdecken oder erfinden würde, könnte sehr schnell sehr reich werden.

Allerdings würde ich darauf nicht wetten. Denn das Problem besteht darin, dass wir niemals genug Informationen haben, um jedes Mal, wenn wir es brauchen, eine garantiert richtige Entscheidung zu treffen. Meistens klopfen wir uns nachher entweder auf die Schultern, richtig entschieden zu haben, wenn alles gut gelaufen ist, oder wir verfluchen uns, die falsche Entscheidung getroffen zu haben, wenn sich die Dinge als nicht so gut herausstellen. Das Alberne dabei ist, dass die Entscheidungen an sich überhaupt nichts mit den Ergebnissen zu tun haben.

Das wollen wir uns einmal näher ansehen. Falls etwas gut herauskommt und du dir dazu gratulierst, die richtige Entscheidung getroffen zu haben, die dazu geführt hat, dann nimmst du stillschweigend an, dass die Dinge vorherbestimmt seien. Viele Leute gehen davon aus, dass Entscheidungen über die Zukunft so wären, als ob man sich bei einer Weggabelung für den linken oder den rechten Weg entscheiden würde. Ein Weg führt zu Ruhm und Glück, und der andere bringt Versagen und Kummer. Sie denken, alles was man tun müsste, wäre den richtigen Weg zu wählen. Wenn das Leben so schön ordentlich wäre, bräuchten wir nicht mehr als gute Straßenkarten. Und dann müssten wir nichts anderes tun, als genau dieselben Entscheidungen zu treffen, wie jene Menschen, die vor uns Ruhm und Reichtum erlangt haben. Das ist ja der Sinn von Landkarten: Folge demselben Weg, den andere Leute gegangen sind, und du wirst dort ankommen, wo du es möchtest. Warum gibt es solche Landkarten für das Glück also nicht? Wo sind die Karten, die Wege weisen zu Ruhm und Reichtum, Gesundheit und Fitness, Liebe und Glück, Spiritualität und mystischer Einheit? Wenn du wirklich nur die richtigen Entscheidungen treffen musst, warum gibt es dann so viel Wirrwarr und derart viele unterschiedliche Land- und Straßenkarten?

Also, das will ich dir gern sagen: Weil die Reise in die Zukunft nicht wie eine Reise über Land ist, wo über eine längere Zeit hinweg alles ziemlich gleich bleibt. Die Reise in die Zukunft ist mehr wie eine Fahrt über das Meer, wo sich alles ständig verändert. Je mehr Wissen und Fähigkeiten du hast, desto häufiger wirst du erfolgreich sein können. Aber trotzdem gibt es keine Garantie dafür, dass die nächste Fahrt ganz genauso verläuft, obwohl du vorher alle »richtigen« Entscheidungen getroffen hast. Es gibt einfach zu viele Unbekannte, zu viele variable Faktoren, zu viele Möglichkeiten. Wenn die Zukunft nicht so komplex wäre, wenn sie anders und einfacher wäre, hätten wir bessere Wettervorhersagen, kein Mensch würde

Geld bei Rennwetten einsetzen und jeder würde am Aktienmarkt sein materielles Glück finden.

Was kannst du also tun, wenn du vor einer wichtigen Entscheidung stehst? Das erste ist: Wenn du eine irgendwie geartete Möglichkeit für positive Ergebnisse möchtest, musst du die Angst vor der Entscheidung vergessen, weil du vielleicht nicht das bekommst, was du willst. Wenn du nicht bereit bist, irgendein Risiko einzugehen, könntest du dich schon jetzt hinlegen und sterben (aber wie wüsstest du, ob das eine gute Entscheidung wäre?). Und wie willst du wissen, ob es eine gute Entscheidung ist, keine Entscheidung zu treffen?

Als zweites kannst du dich dafür vorbereiten, deine Entscheidung zu modifizieren, wenn das sinnvoll erscheinen sollte. Um noch einmal die Meeresanalogie zu verwenden: du beginnst deine Seefahrt vielleicht unter vollen Segeln, aber wenn sich das Wetter ändert, könnte es klug sein, auch die Segel anders zu setzen.

Als drittes kannst du dein Wissen und deine Fertigkeiten so weit wie möglich erweitern, ohne zu erwarten, allwissend oder vollkommen zu werden. Denn bis du alles weißt und so geschickt bist, dass du keine Fehler mehr machst, ist der Grund, eine Entscheidung zu treffen, schon längst vorbei.

Das vierte und vielleicht Wichtigste kommt, sobald du die Entscheidung getroffen hast. Es besteht darin, dass du dein Bewusstsein und deinen Fokus darauf gerichtet hältst, was du möchtest und nicht darauf, was du nicht willst. Ich behaupte, dass am allerwichtigsten ist, wie sehr das Ergebnis unseren Wünschen entspricht. Die Entscheidung, in See zu stechen, ist im Nu vorüber. Dann kommt das eigentliche Segeln, und das hat viel mehr Einfluss darauf, ob die Fahrt erfolgreich ist oder nicht. Richte deinen Geist auf das Ziel, und so wenig wie möglich auf das, was im Wege stehen könnte. Wenn sich das nicht vermeiden lässt, dann richte dein Bewusstsein auf Lösungen und so wenig wie möglich auf Probleme.

Denke daran: nicht die Landkarte bringt dich dorthin, wohin du möchtest; das, was du tust, nachdem du sie angeschaut hast, bringt dich dorthin, wohin du willst.

Entscheidungen und Werte

Eines Tages habe ich mir überlegt, warum wir eigentlich den Neujahrstag am 1. Januar feiern. Weshalb eigentlich? In der Natur passiert an diesem Tag nichts Besonderes. Die Wintersonnenwende findet mehr als eine Woche früher statt. Weihnachten ist genau eine Woche vor Neujahr, und in manchen antiken Kulturen auf der nördlichen Halbkugel wurde der 25. Dezember als Anfang vom Ende des Winters gefeiert – aber selbst wenn schon? Was hat das mit dem 1. Januar zu tun? Meine Neugier brachte mich dazu, der Sache etwas genauer auf den Grund zu gehen und eine kleine Forschungsarbeit zu beginnen.

Erst einmal untersuchte ich, wie die Idee zu einer Neujahrsfeier entstanden war. Ich fand heraus, dass die älteste dokumentierte Feier rund 2000 vor Christus in Babylon stattfand, was im heutigen Irak liegt. Die Babylonier feierten ihren Neujahrstag allerdings im späten März, weil das den Anfang ihres Frühlings mit dem neuen Kreislauf von Pflanzen, Hegen und Ernten bezeichnete. Vor der Zeit der Aussaat verbrachten sie elf Tage lang mit Dankfeiern für all das Gute, das die Götter im Jahresverlauf zuvor gebracht hatten. Auf ähnliche Weise feierten die Menschen auf Hawaii ihr Neujahr im November. Sie verbrachten sogar vier Monate hindurch mit Dankfesten, Spielen und Vorbereitungen für die nächste Jahreszeit.

In praktisch jeder Kultur gibt es irgendeine Form von Neujahrsfeier, und zwar meist als Anlass, um für wertvolle Dinge zu danken und sich auf ein (hoffentlich) noch erfüllteres neues Jahr vorzubereiten. Aber: warum am 1. Januar? Das ist auf keiner der beiden Erdhalbkugeln eine Ernte- oder eine Aussaatzeit. Und auch als Zeitpunkt auf der Erdbahn um die Sonne hat der 1. Januar keine besondere Bedeutung. Es stellte sich heraus, dass Naturereignisse nicht alles sind, was Menschen als bedeutsam ansehen. Während des frühen Römischen Reiches war der 1. Januar der erste Tag des Neuen Jahres. Aber merkwürdigerweise fiel ihr 1. Januar auf das, was wir heute als den 25. März kennen, also auf den Frühlingsanfang. Da verschiedene Kaiser und hochrangige Beamte großen Wert darauf legten, ihre Amtszeiten zu verlängern, manipulierten sie die Länge der Monate und Jahre. Der Kalender geriet derart aus den Fugen, dass Julius Caesar im Jahre 46 vor Christus den 1. Januar wieder auf seinen alten Zeitpunkt setzte, den Zeitpunkt, der für uns der 25. März ist.

Dann trat die christliche Kirche auf den Plan. Eine Folge des Machtzuwachses ihrer Führer war, dass diese sich entschieden, ihren eigenen 1. Januar festzulegen – als Gegenpol zur altrömischen Kultur, die ihrer Meinung nach im März ein heidnisches Fruchtbarkeitsritual feierte. Also schufen sie einen völlig neuen Kalender und ließen das Neue Jahr mit der Beschneidung Jesu beginnen, genau eine Woche nach dem von ihnen angenommenen Tag seiner Geburt.

Der Übergang zu diesem Neujahr erfolgte nicht auf einen Schlag. Vom 11. bis zum 13. Jahrhundert feierten Spanier und Portugiesen das Neujahr am vatikanischen 1. Januar, die Briten am 25. März, die Italiener am 15. Dezember (was damals, beim herrschenden julianischen Kalender, den Weihnachtstag darstellte), und die Franzosen am Ostersonntag. Unterdessen feierten Chinesen, Juden und traditionelle Hawaiianer ihr Neujahr jeweils an einem eigenen Tag – und das tun sie auch heute noch. Da der gregorianische Kalender heute weithin gültig ist, können manche Leute, wenn sie wollen, Neujahr also zwei Mal feiern. Das bringt uns jetzt zur Frage: Warum überhaupt das Neujahr feiern?

Menschen überall auf der Welt haben immer auf irgendeine Weise den Abschluss eines alten Kreislaufs und den Beginn eines neuen auf besondere Weise markiert und gefeiert. Die genaue Zeitbestimmung von Zyklen hängt von Werten ab, von der Bedeutung, die Menschen dem Zyklus beimessen. Manche halten natürliche Zyklen für wichtiger, andere finden, dass religiöse oder politische wichtiger seien. Und dazu kommt, dass Menschen überall auf der Erde gefunden haben und finden, dass das Ende bzw. der Beginn eines Kreislaufs einen guten Zeitpunkt dafür darstellt nachzudenken, was in ihrem Leben wichtig ist, und die entsprechenden Werte zu bestätigen oder zu verändern.

Es spielt keine Rolle, ob dein Lieblingszyklus am 1. Januar beginnt, oder an deinem Geburtstag, am Frühlingspunkt, an der Wintersonnenwende oder einem anderen Tag. In der öffentlichen Erklärung, dass ein Kreis sich geschlossen hat und ein neuer Kreislauf beginnt, steckt eine sehr mächtige und menschliche Kraft: diese Übergangszeit zu nutzen, um für die Werte zu danken, die man erhalten hat und Pläne zu schmieden für die Werte, die in Zukunft kommen sollen.

Deine Werte bestehen aus all dem, was du für dein Leben am wichtigsten hältst. Deine Werte haben Wert an sich, weil sie jeden Aspekt deines persönlichen Verhaltens bestimmen, und sie beeinflussen das Verhalten der Welt um dich herum. In jeder Situation deines Lebens wirst du immer entsprechend dessen handeln, was dir dann am wichtigsten ist, gleich, wie die Umstände sind oder was irgendjemand andere sagt oder tut. Du triffst deine Entscheidungen immer aufgrund dessen, was für dich wertvoll und richtig ist. Falls du dich je über dein eigenes Handeln wundern solltest, ist das so, weil du dir deiner eigenen Werte nicht bewusst bist.

Ein Beispiel: Vor kurzem diskutierte ich mit meiner seit einundvierzig Jahren bewunderten Ehefrau das Thema Werte.

Wir entdeckten beide jeweils etwas, das wir nicht erwartet hatten. Wir schätzen unsere Beziehung sehr hoch ein, während des Gesprächs ergab sich jedoch, dass wir beide persönliche Freiheit noch höher bewerten. Unsere Beziehung ist uns so wichtig, dass wir uns laufend entscheiden, auf die Wünsche des anderen einzugehen, auch wenn das bedeutet, dass wir etwas tun, was wir eigentlich nicht möchten, oder dass wir etwas lassen, das wir eigentlich gern machen würden. Da von beiden Seiten soviel Eingehen und Nachgeben und Anpassen besteht, und da es so viel Freude in anderen Bereichen unserer Beziehung gibt, finden wir, dass wir diese Einschränkungen der persönlichen Freiheit leicht tolerieren können (obwohl ich manchmal einfach aus Spaß daran knurre).

Anders gesagt: unsere Beziehung ist uns wichtiger als diese geringfügigen Einschränkungen der persönlichen Freiheit. Als wir jedoch das »Was wäre, wenn ...«-Spiel spielten, kam heraus, dass der Wert unserer Beziehung sich in dem Maße verringern würde, wie diese Einschränkungen »übermäßig« würden, gemessen an der jeweils subjektiven Einschätzung.

Das Gespräch wurde noch interessanter, als wir entdeckten, dass »Beziehung« und »persönliche Freiheit« sehr abstrakte Konzepte sind. Hinter diesen Abstraktionen steckten Dinge, die wir wirklich am höchsten einschätzten: die Freude an unserer gegenseitigen Bewunderung und Achtung, und die emotionale Befriedigung, dass wir beide eigene Entscheidungen treffen.

Hinter solchen abstrakten Werten – wie Liebe, Macht, Gesundheit, Freiheit, und so fort – liegen sehr spezifische Werte, also die wirklich wichtigen Dinge, die uns emotional bewegen und unser Verhalten motivieren. Zu jedem Zeitpunkt deines Lebens wirst du dich immer auf das zubewegen, was deiner Einschätzung nach, das Potenzial für die größte Freude bzw. den geringsten Schmerz enthält. Und du kannst gar nicht vermeiden, eine Entscheidung zu fällen, weil auch die Nicht-Entscheidung eine Entscheidung darstellt.

In Kalifornien und auf Hawaii kannst du leicht erkennen, wer die Schreiner oder Zimmerleute sind: das sind die, die auf ihrem Pick-up Surfbretter liegen haben. Sie bringen ihre Bretter zur Arbeit mit, und wenn die Wellen hoch genug sind, gehen sie vom Arbeitsplatz direkt raus aufs Meer. Die abstrakte Sichtweise wäre zu sagen, dass sie Surfing als Wert höher einschätzen als ihre Arbeit. Die konkrete Betrachtung würde lauten: sie finden die Aufregung, auf einer großen Welle zu reiten, wichtiger, als für jemanden anderen Holz zu sägen (es sei denn, dass sie unbedingt ihre Miete oder den nächsten Wocheneinkauf bezahlen müssen). Sie bleiben meist bei der Arbeit, solange die Wellen mittelmäßig sind, aber wenn sie eine bestimmte Höhe erreichen ...

Ein anderes Beispiel ist der Mensch, der so hart »für die Familie« arbeitet, dass er die Familie so weit ignoriert, dass sich diese vernachlässigt oder allein gelassen fühlt. Hier würde der abstrakte Wert der materiellen »Sicherheit für die Familie« wahrscheinlich auf der sehr intensiven persönlichen Angst beruhen, dafür kritisiert zu werden, die Familie nicht genügend zu versorgen. Beim abstrakten Bestreben, Kritik zu vermeiden, geht die tatsächlich ganz konkrete Familie dem Blick verloren.

Der Wert der Diskussion zwischen meiner Frau und mir bestand darin, dass wir uns bewusster machen konnten, was wir schätzen und welchen Wert wir ihm beimessen. Gleichzeitig war uns vor dem Hintergrund unseres Huna-Wissens klar, dass das ganz persönliche und willkürliche Bewertungen waren. Wir können allein durch unseren Willen wichtige Dinge unwichtig machen und unwichtige Dinge als wichtig betrachten. Der Wert *dieser* Einsicht besteht nun darin, dass wir uns die Werte, nach denen wir leben, bewusster machen und achtsamer damit umgehen.

Wenn du dich entscheidest, etwas zu verändern, was du in deinem Leben am höchsten schätzt, dann hat das tiefgreifende Folgen für dich und deine Umgebung, denn die Werte, die nun wählst, haben ebensolche Konsequenzen. Wenn dein Leben für dich so nicht stimmt, wie es jetzt ist, dann hast du vielleicht ein Problem mit deinen Werten. Wenn dein Leben gut ist, wie es ist, dann hat das auch mit deinen Werten zu tun – und vielleicht wäre es eine gute Idee, sie zu kennen.

Jeder Zeitpunkt ist ein guter, um zu untersuchen, was für dich am wichtigsten ist, um das entweder zu bekräftigen oder um Veränderungen vorzunehmen. Deshalb ist auch jetzt eine gute Zeit, das zu tun!

Entscheidungen und Beharrlichkeit

Das hawaiianische Wort *Ahonui* wird allgemein als »Geduld« übersetzt. Diese Übersetzung kann jedoch sehr irreführend sein. Wenn wir im Englischen von Geduld (»patience«) sprechen, meinen wir üblicherweise die Fähigkeit, Härten oder Unannehmlichkeiten oder sogar Schmerzen zu erdulden, ohne sich darüber zu beklagen. Man spürt eine innere Stärke oder auch Mut bei diesem Wort, aber dem Wesen nach ist das eine passive Kraft. Irgendetwas Schlimmes stößt dir zu, und du erträgst es tapfer so lange, wie es andauert. Das würde jedoch dem Begriff Ahonui nicht gerecht. Ich möchte dir eine Geschichte erzählen, die das aufzeigt, eine der Versionen einer der Geschichten von Maui.

Es begab sich einmal, lange vor Kapitän Cook, dass Maui Kupua, der auf Kauai geboren wurde, in einem Kanu von Oahu zurückkam und sich dachte: »Warum sind die Inseln so weit voneinander entfernt?« Und dann fasste er einen Entschluss. »Sie sollten alle näher beieinander sein.« Sobald er an Land kam, ging er zu seiner Mutter Hina in Wailua und bat sie um Rat, wie er das anstellen könnte. Hina unterbrach das Klopfen von Tapa und sagte »Wenn du die Inseln näher zu einander bringen möchtest, musst du den Riesenwal Luehu mit deinem Zauberangelhaken Manai-a-ka-lani fangen und sehr lang daran festhalten. Wenn dir das gelingt, wird Luehu um die Inseln kreisen und du wirst sie zusammenziehen können. Nimm deine Brüder mit, um dir mit dem Kanu zu helfen, aber warne sie: sie müssen immer nach vorne schauen, egal was passiert, oder du wirst scheitern.«

Maui sammelte also seine vier Brüder, die Maui, Maui, Maui und Maui hießen, und erzählte ihnen, was er vorhatte. Sie freuten sich auf ein solches Abenteuer und als er sie mahnte, immer nach vorn zu schauen, versprachen sie, das zu tun.

Schließlich war das Kanu gerüstet, der Angelhaken präpariert und die Brüder bereit. Während einer Pause in der hohen Brandung paddelten sie hinaus in den Kaieiewaho-Kanal und begannen ihre Suche nach dem Riesenwal Luehu. Viele Tage lang suchten sie nach ihm, bis sie ihn endlich schwimmen sahen, in der Nähe der Insel Nihoa, im Nordwesten von Kauai. Maui warf seinen Zauberangelhaken aus, Luehu verschluckte ihn und sofort fing der Riesenwal an, das Kanu mit hoher Geschwindigkeit durch das Meer zu ziehen.

Viele weitere Tage hindurch hielten die Maui-Brüder voller Entschlossenheit fest, während der Wal sie vorwärts zog. Indem sie aber unterdessen vorsichtig auf die rechte Weise an der Angelschnur zogen und zur richtigen Zeit hierhin und dorthin paddelten, bewegten sie den Wal dazu, alle Inseln zu umkreisen, bis sie sich eines Tages wieder vor der Küste von Wailua befanden und auf Oahu blickten.

Luehu war inzwischen müde geworden; Maui Kupua zog mit aller Kraft an der Angelschnur, während seine Brüder wie verrückt rückwärts paddelten, und ganz langsam und allmählich kamen die Inseln näher zu einander. Gerade da kam ein Holzeimer zum Ausschöpfen von Kanus vorbeigeschwommen. Der älteste Maui, der als Steuermann arbeitete, ergriff ihn rasch, zog ihn heraus und warf ihn hinter sich, falls sie später einen Schöpfeimer brauchen würden. Er wusste allerdings nicht, dass der Holzeimer in Wahrheit ein trickreicher Geist war, ein *E'epa*, der sich bei der ersten Gelegenheit in eine wunderschöne Frau verwandelte. Alle Menschen, die sich an der Küste von Kauai und Oahu versammelt hatten, ließen sich lauthals über ihre Schönheit aus. Zuerst schenkte keiner der Maui-Brüder dem irgendeine Beachtung, aber schließlich wurden die Bewunderungsrufe so laut, dass sich die vier Brüder von Maui umdrehten, um zu sehen, wer denn diese schöne Frau nun war, die derart gerühmt wurde. In diesem Moment spürte Luehu ein Nachlassen im Zug gegen ihn und er machte einen letzten verzweifelten Sprung, um zu entkommen. Ohne die Hilfe seiner Brüder zog Maui Kupua zu stark an, die Angelschnur zerriss, Luehu entkam und die Inseln drifteten wieder auseinander. Und wir wissen, dass die Geschichte stimmt, denn die Inseln sind heute ja auch noch weit voneinander entfernt.

Hawaiianische Legenden enthalten immer eine Weisheit, die unter der Oberfläche verborgen ist, meist in der Form von Namen, die mehrere unterschiedliche Bedeutungen tragen. In dieser Geschichte möchte der Held Maui eine große Aufgabe erfüllen, nämlich die Inseln zu vereinen. Dazu muss er den Wal fangen, der Luehu heißt, was man mit »verstreut« übersetzen kann, und der Name seines Zauberangelhakens bedeutet »aufgefädelte Blumenschnur«. Die zerstreuten Inseln müssen also, vielleicht politisch, kulturell oder gesellschaftlich, wie eine Blumenkette zusammengebracht werden. Wo fanden sie den Wal? Der alte Name für den Kanal bedeutete einfach »äußeres Meer«, aber das könnte sich auch darauf beziehen, dass der Held über seine normalen Grenzen hinausgehen musste. Der Ort, an dem sie dem Wal begegneten, Nihoa, war früher ein sehr heiliger Ort. Der Name bedeutet »sägemesserartig« oder »scharf«, wie eine Reihe von Zähnen, und er gehört zu einem alten Spruch: *Ku paka ka pali o Nihoa i ka makani* – »Die Klippen von Nihoa stehen wie ein Schild gegen den Wind.« Das bezieht sich auf jemanden, der seinem Geschick bzw. Unglück mit Mut entgegentritt.

Das wichtigste Element in der Geschichte ist die Angelschnur, weil sie *Aho* genannt wird, was auch »Atem, atmen« bedeutet, sowie »eine große Anstrengung unternehmen.« Maui muss eine große Anstrengung unternehmen, um sein Ziel zu erreichen, aber das ist immer noch nicht genug. Das Wort *Nui* bedeutet »groß, viel, viele« und bezieht sich manchmal auf die Zeit und ein anderes Mal auf etwas Wichtiges. *Ahonui* bedeutet »Geduld«, aber auch »Beharrlichkeit«. Das ist nicht die Geduld von jemandem, der in einer langen Schlange wartet. Es ist deine Beharrlichkeit, solange an die Tür zu klopfen, bis du eine Antwort erhältst. Es ist nicht die Geduld, abzuwarten, bis sich ein Sturm gelegt hat, sondern die Beharrlichkeit, dass du durch einen Sturm weiter auf dein Ziel zu gehst. Es ist nicht die Geduld, auf die Heilung zu warten, sondern dass du alles einsetzt, was du kannst und weißt, um die Heilung zu bewirken. Ahonui kann auch als »viele Atemzüge« übersetzt werden. In diesem Zusammenhang bedeutet es, dass du dich so viele Atemzüge lang vorwärts bewegst, wie es dauern mag, bis du das erreicht hast, was du möchtest. Also zum Beispiel, dieselben Entscheidungen wieder und wieder zu treffen.

Hawaiianische Legenden haben nicht immer ein Happyend, weil ihr Zweck nicht nur darin besteht, dir zu zeigen, wie du Erfolg haben kannst, sondern auch, wie du dich im Versagen richtig verhältst. In der vorher erzählten Geschichte fällt der große Plan, die Inseln zu vereinen, kurz vor der Verwirklichung in sich zusammen, wegen *Kaliu*, eines »leck geschlagenen Schöpfeimers für ein Kanu.« *Ka* bezieht sich auf den Holzeimer, ist gleichzeitig jedoch auch ein starkes Tätigkeitswort, das man verwendet, wenn Dinge zusammengebunden oder zusammengeführt werden sollen, oder wenn man etwas unternimmt, und man benutzt es sogar zum Fischen. *Liu*, das

»Leck«, ist das Versickern deiner Aufmerksamkeit und Bewusstheit für dein Ziel, der Verlust des Fokus auf das, was wichtig ist, oder Entscheidungen, die deinen Willen schwächen. In der Geschichte werden Mauis Brüder, die Aspekte von ihm selbst repräsentieren, abgelenkt, sie verlieren ihre Konzentration und damit auch ihre Zielausrichtung. Beharrlichkeit funktioniert nicht als Teilzeitjob.

Glücklicherweise gibt es in dieser Welt viele Beispiele von Menschen, die sich auch im Angesicht von anscheinend unüberwindlichen Schwierigkeiten beharrlich durchgesetzt und etwas erreicht haben, was als unmöglich angesehen wurde. Ich bin zahlreichen solcher Leute begegnet und habe mit ihnen gesprochen, aber einer ist mir immer besonders präsent.

Vor ein paar Jahren durfte ich an einem Programm des Erziehungsministeriums mitarbeiten, in dem jungen Leuten Selbstachtung beigebracht wurde. Ein Teil meines Workshops wurde in einem Video aufgenommen, das im Schulsystem verteilt wurde. Die besten Szenen zeigten die Geschichte eines jungen Mädchens, die Hula-Tänzerin wurde. Ich war nicht so sehr beeindruckt, als die Kamera dieses Mädchen von der Taille aufwärts zeigte, wie sie in einer Gruppe anderer Mädchen Hula tanzte, alle im selben Rhythmus und mit den gleichen Gebärden und Gesten. Dann schwenkte die Kamera und zeigte die ganze Gruppe ... und ich war völlig verblüfft: das junge Mädchen war tatsächlich eine gute Tänzerin, so gut wie die anderen – aber sie hatte nur ein Bein!

Stell dir vor, welche Geduld, Beharrlichkeit, Leiden, Hartnäckigkeit, welche Ahonui dieses Mädchen eingesetzt hatte, um die gleiche Grazie und Geschicklichkeit beim Hula-Tanz zu entwickeln, die schon für ihre Schwestern mit zwei Beinen schwierig genug war. Und was hat ihr dieses Ahonui gegeben? Woher kam das? Wie konnte sie ihre Entscheidung aufrecht erhalten, trotz aller Ängste und Zweifel und Schwierigkeiten weiterzumachen? Es gibt aus meiner Sicht nur eine Antwort. Die Stärke ihrer Beharrlichkeit beruhte auf der Aloha, der Liebe, die sie zum Hula-Tanz besaß.

Was dir die Stärke gibt, nicht locker zu lassen, und deine Träume und Sehnsüchte, deine Pläne und Ziele, Wünsche und Heilung weiterhin kraftvoll anzustreben, ist die Liebe, die du für etwas hegst, das nach deiner Entscheidung so wichtig, so wertvoll, so gut ist, dass nichts anderes es in deinem Geist und deinem Herzen ersetzen kann. Wenn dein Aloha stark genug ist, wirst du das Ahonui besitzen, um trotz aller Zweifel, Enttäuschungen, Befürchtungen, Missverständnissen weiter voranzugehen, und auch ungeachtet dessen, wenn Leute dir sagen, dass unmöglich sei, was du anstrebst. Im unendlichen Universum ist die einzige Unmöglichkeit das, was du nie versuchst, und das einzige Versagen entsteht nur dann, wenn du dich entscheidest, aufzugeben.

Entscheidungen und Glück

»Glück« ist ein weiteres Konzept auf der Liste von »Dingen, die Menschen eigentlich nicht verstehen.« Die meisten Menschen sprechen darüber, als ob es eine Form von Vorherbestimmung wäre. Es gibt eine starke Neigung, Erfolg einem »Glücksfall« zuzuschreiben und Misserfolg einem »Unglück«. Das ist, als ob Glück eine Form von Gnade und Unglück eine Form von Fluch wäre, die eine Person aufgrund der Laune eines übernatürlichen Wesens treffen. Wenn das wirklich so wäre, bräuchtest du dich nicht darum kümmern, welche Entscheidungen du triffst, weil das Ergebnis immer außerhalb deiner Reichweite wäre. Nach den Huna-Lehren ist das jedoch niemals der Fall. Das sechste Huna-Prinzip besagt, dass alle Kraft von innen kommt und es setzt die Existenz des freien Willens voraus. Verbinde den freien Willen mit dem zweiten Prinzip der unendlichen Möglichkeiten und du gelangst zum Ergebnis, dass wir unser Glück selber gestalten.

Offensichtlich gibt es unbewusste Glücksfälle, weil den Menschen eine Menge unerwarteter und ungeplanter Dinge passieren. Denke aber an die Lehre, dass du alles auch bewusst vollziehen kannst, was du unbewusst machst, wenn du einmal weißt, wie das funktioniert. Wie können wir also unser eigenes Glück erzeugen oder vermehren?

Ein bekanntes Zitat zeigt uns den Weg. Ich habe leider nicht geschafft, den Autor herauszufinden. Das Zitat lautet etwa so: »Glück passiert, wenn die richtige Vorbereitung auf die richtige Gelegenheit trifft.« Die gängigste Deutung lautet, dass je geschulter du auf dem Gebiet deiner Interessen und Fähigkeiten bist in Bezug auf Geschick und Wissen, desto mehr glückliche Chancen wirst du anscheinend auf diesem Gebiet bekommen. Wahrscheinlich stimmt das auch, aber es erklärt noch nicht das Glück, das Menschen haben, die überhaupt kein entsprechendes Geschick und Wissen erarbeiten. Vielleicht gibt es noch andere Arten von Vorbereitungen.

Ich weiß, dass in der Lotterie häufig jene Leute große Gewinner sind, die über eine lange Zeit hindurch regelmäßig Lose gekauft haben. Vielleicht ist Beharrlichkeit ein Faktor für das Glück. Das erklärt jedoch nicht das Glück jener Personen, die nicht kontinuierlich gespielt haben.

Ich weiß auch, dass ich bei einer Reihe von Gelegenheiten etwas bei einem Wettbewerb oder einer Tombola gewinnen konnte, indem ich mich in einen besonderen mental-emotionalen Zustand versetzt habe, den ich nur als »gelassen erwartungsfroh« beschreiben kann. Das ist anders als einen charismatischen Einfluss auszuüben, und es ist überhaupt nicht so, als ob du einen machtvollen Fokus auf etwas richtest. Es ist eher wie »Tja, das wäre wirklich schön, jetzt zu gewinnen, und es ist auch in Ordnung, wenn es nicht klappt, aber schön wäre es doch.« Emotional ist das, als ob du passiv erwartungsvoll bist. Das ist kein System mit Garantie, aber es funktioniert doch erstaunlich häufig.

Es scheint mir, dass Glück dann passiert, wenn du in Harmonie mit dem bist, was du möchtest. Nach beträchtlichem Nachdenken, Forschen und Üben bin ich zu einem Prozess gelangt, der dir sehr wahrscheinlich entscheidend dabei helfen kann, dein Glück zu vermehren. Ich nenne diesen Vorgang *Ulu pono*, was »Glück vermehren« bedeutet. Fange bei jedem Schritt mit jeweils einer Minute Übung an, und dehne die Zeit allmählich aus, die du im jeweiligen Zustand verbringen kannst.

1. Stell dir vor, wie es sich anfühlen muss, bedingungslos von allen und allem geliebt zu werden.
2. Stell dir vor, wie es sich anfühlen muss, völlig vertrauensvoll und vollständig frei von Angst, Sorge und Zweifel zu sein.
3. Stell dir vor, wie es sich anfühlen muss, die ganze Zeit und das ganze Leben hindurch Glück zu haben.

E pono e! Glück auf!

12. Die Meisterformel für Erfolg

O ka pono ke hana 'ia a iho mai na lani
Tu Gutes, bis die Himmel auf dich nieder kommen -
Segnungen kommen zu denen, die dauerhaft Gutes zu tun

In diesem Schlusskapitel möchte ich sowohl Gedanken aus früheren Kapiteln noch einmal Revue passieren lassen, als auch noch etwas Neues präsentieren, und dir eine »bombensichere« Formel für den Erfolg auf jedem Gebiet geben.

Warum stelle ich dir eine weitere Erfolgsformel vor, wenn es schon so viele von anderen Autoren gibt? Das kann man gut am Beispiel von Rezepten für Schokoladenkuchen erklären. Im Grund gehören nur Mehl, Butter, Wasser, Zucker, Eier und Schokolade hinein, die man zu einem Teig vermengt und bäckt, und dann hast du einen Schokoladenkuchen. Aber was für Unterschiede gibt es doch zwischen österreichischer Sachertorte, belgischem Schokoladenkuchen und amerikanischem Schokoschwamm.

Die unterschiedlichsten Köche haben ihre eigenen Rezepte (oder Formeln) beschrieben, die entweder aus der Erfahrung vieler Generationen vor ihnen oder aus ihrer eigenen Lebenserfahrung stammen. Formeln erlauben uns, wie Rezepte, die Erfolge anderer Menschen zu kopieren, und sie geben uns einen guten Rahmen, innerhalb dessen wir unsere eigenen kreativen Innovationen entwickeln können.

Hier ist also eine Formel, wie man mit Liebe gewinnen kann. Sie beruht auf meinem Studium von Hunderten von Autoren, die über Erfolg geschrieben haben und von Hunderten von erfolgreichen Menschen, sowie meinen eigenen Erfahrungen und Beobachtungen. Es ist eine Formel für Erfolg jeglicher Art. Sie beschreibt, wie es zu Erfolg kommt, gleich, wer gewinnt und auch ungeachtet dessen, ob die beteiligten Leute wissen, was sie tun oder nicht. Um im Bild zu bleiben: ich möchte dir ein Grundrezept an die Hand geben, das du gut einsetzen kannst, um alles daraus zu machen, was du möchtest, indem du nur die Zutaten variierst.

Wir haben heute Gesellschaften, in denen Millionen obdachlos sind und in großer Not leben, die nicht wissen, wie sie aus ihrer Situation herauskommen sollen. Medizinische Statistiken besagen, dass 70% bis 90% der Krankheiten psychosomatisch sind und die Menschen hilflos krank bleiben, weil sie nicht wissen, wie sie ihre mentalen und emotionalen Muster ändern können. Immer mehr Firmen gehen in Konkurs, die Wirtschaft ist unsicher, die Scheidungsraten, die häusliche Gewalt und die internationalen Spannungen nehmen weiter zu. Ohnmacht, die zu Ineffizienz und Verzweiflung führt, ist zu einer Art Epidemie geworden.

Selbstverständlich gibt es Dinge und Ereignisse, die wir nicht kontrollieren können, aber unsere Reaktion darauf können wir immer kontrollieren. Je mehr Geschick wir bei unserer Antwort auf Ereignisse entwickeln, desto stärker können wir diese Dinge und Ereignisse beeinflussen, auch wenn wir sie nicht beherrschen. Als Kapitän eines Segelschiffes kannst du die Winde und die Strömungen nicht beherrschen, dass sie dich an dein Ziel bringen. Wenn du jedoch erfahren und geschickt bist, kannst du Segel und Ruder so einsetzen, dass du Winde und Strömungen so benutzt, dass du sehr wohl an dein Ziel gelangst. Es erscheint deshalb logisch, dass, wenn du eine klare und einfache Strategie hast, um mit jeder beliebigen Bedingung fertig zu werden, du immer fähig sein wirst, mit der maximalen Effizienz zu operieren. Also nun ohne weitere Verzögerung die Meisterformel für den Erfolg, in kristallklarer Einfachheit:

$$E = mc^2 - r$$

Sieht sie ziemlich vertraut aus? Kein Wunder, weil Albert Einstein einen Teil der Formel mal auf einem anderen Gebiet angewandt hat. Hier bedeutet sie aber etwas anderes:

- E bedeutet Effizienz bzw. Wirksamkeit oder Erfolg
- M steht für Motivation
- C^2 weist auf zwei Dinge hin: Zuversicht und Konzentration (im Englischen *Confidence* und *Concentration*)
- R bedeutet Widerstand (*Resistance*)

Ausgeschrieben besagt die Formel: »Die Effizienz entspricht der Motivation, die mit Zuversicht und Konzentration multipliziert und um den Widerstand vermindert wird.« Um es weniger förmlich auszudrücken: Wenn du deine Effizienz und deine Erfolgsquote erhöhen willst, musst du Motivation und Antriebskraft, Vertrauen und Zuversicht sowie Konzentration verstärken, während du gleichzeitig die Widerstände verminderst, die sich dir in den Weg stellen.

Schauen wir uns diese Formel nun in ihren einzelnen Elementen näher an.

Effizienz

Ich bin mein ganzes Leben lang über diese Erde gewandert und habe nach dem Geheimnis von Effizienz gesucht. Ich meine buchstäblich mein ganzes Leben, denn ich bin schon vor meiner Geburt gereist. Vielleicht denkst du, wie ich denn als Embryo oder als Baby oder als Kleinkind hätte suchen können, auch wenn ich vielleicht mit meinen Eltern herumgereist bin. Aber jeder von uns bemüht sich, sogar schon vor der Empfängnis, bewusst oder unbewusst darum, wirksamer, effizienter bzw. erfolgreicher zu sein.

Als Ei haben wir unseren Weg durch den Körper unserer Mutter gesucht, um befruchtet zu werden, und als Samenfaden sind wir erfolgreich eine schwierige Strecke geschwommen, um die Befruchtung zu vollziehen. Als Embryos haben wir unsere Zellen organisiert und vervielfacht, um als menschliche Wesen effektiver zu sein. Als Babys haben wir sofort damit begonnen, die meiste Zeit damit zu verbringen, alles zu lernen und aufzunehmen, damit wir erfolgreich überleben, wachsen und uns am Leben freuen konnten. Es liegt in unserer Natur, dass wir ständig weiter nach Wegen und Mitteln suchen, um alle Tage unseres Lebens effizienter und erfolgreicher zu sein. Und das tun wir nicht nur mit Hilfe unserer eigenen Erfahrung, sondern auch durch die anderer.

Vor langer Zeit, als ich noch recht jung, aber doch schon selbstständig war, habe ich ganz bewusst nach dem Geheimnis des Erfolgs in vielen Traditionen und Philosophien und bei Meistern gesucht. Nachdem ich Meere und Wüsten überquert und Flüsse und Berge ziemlich überall auf der Erde überwunden hatte, traf ich schließlich einen weisen alten Hawaiianer oben auf einer Vulkaninsel, der mir das Geheimnis auf eine Weise darstellte, die ich begreifen und anwenden konnte.

»Das Leben«, sagte er, »ist wie eine Schale Kirschen.« Bevor ich mit Kopfschütteln auf ein solch vermeintlich triviales Bild reagieren konnte, fuhr er fort »Wir fangen mit einer leeren Schale an, dann füllen wir sie mit Kirschen; wir essen die Kirschen auf, die Schale wird wieder leer, und dann füllen wir sie erneut; und so geht das Leben dahin.«

Wir selbst sind die leere Schale, die nach Erfahrung strebt, und das Anfüllen der Schale mit Kirschen entspricht unserem Sammeln von Erfahrungen. Die Kirschen zu essen bedeutet, unsere Erfahrungen anzuwenden oder sie zu genießen, was die Schale wiederum entleert und uns nach Neuem streben lässt.

Effizienz und Erfolg haben mit unserer Fähigkeit zu tun, die Schale zu füllen und die Kirschen zu verwenden oder sie zu genießen. Je effizienter wir sind, das heißt, je geschickter wir sind, desto schneller können wir die Schale füllen, desto bessere Qualität werden die Kirschen haben, die wir hineingeben, und desto mehr können wir sie nutzen.

Manchmal geraten aber auch Zweige, Blätter und Schmutz mit den Kirschen in die Schale, und manchmal lassen wir die Kerne darin, wenn wir die Kirschen aufgegessen haben. Selbst wenn wir also erstklassige Kirschpflücker sind und talentierte Kirschgenießer, begrenzen doch Dreck und Reste in unserer Schale unsere Erfahrungen – es sei denn, dass wir sie von Zeit zu Zeit wieder richtig sauber machen.

Wir streben nach Wirksamkeit vom Augenblick an, in dem der Samenfaden seine gefährliche Reise beginnt und dem Moment, in dem das Ei gerade diesen aus allen verfügbaren auswählt. Wir streben weiter immer mehr Effizienz an, während unsere Gene die Zellen anordnen und unser Wachstum in Auftrag geben, damit wir uns als Embryo entwickeln können. Sobald wir geboren sind, absorbieren wir unentwegt Informationen um zu lernen, in dieser seltsamen neuen Welt erfolgreich zu funktionieren. Und während wir dann weiter heranwachsen, gibt es einen Faktor, der immer und für uns alle gleich bleibt: wir versuchen herauszufinden, wie wir am besten mit uns selbst, mit den Menschen und der Umwelt klarkommen, sie vielleicht sogar meistern können.

Effizienz ist ein universeller, machtvoller, unbewusster Antrieb. Wenn man bewusste Sehnsucht hinzufügt, wird er noch mächtiger. Wenn man Geschick, das auf Wissen, Erfahrung und eigener Praxis beruht, hinzufügt, wird daraus eine gewaltige Kraft, unbegrenzte Leistungen zu vollbringen.

Motivation

Motivation ist der Drang, der uns dazu antreibt, zu sein, zu tun oder zu haben, bzw. nicht zu sein, nicht zu tun und nicht zu haben. Jede Handlung, die wir unternehmen, bewusst oder unbewusst, stellt eine Reaktion dar auf irgendeine Art von Antrieb. Unser Herz schlägt, weil es unter dem Antrieb steht, einen immer neuen Kreislauf von Anspannung und Entspannung zu vollführen. Unsere Hand streckt sich nach einem Glas Wasser aus, weil sie dem Drang folgt, ein unangenehmes Durstgefühl zu löschen. Unser Geist erzeugt Phantasien, weil er dem Trieb folgt, etwas anderes zu tun als wir gerade eben machen. Leben ist Bewegung, und Bewegung ergibt sich aus einer Folge von Antrieben.

Manager werden ermuntert, ihre Angestellten zu motivieren und Lehrer sollen ihre Schüler motivieren. Das hört sich so an, als ob man Motivation in einen anderen Menschen einfüllen könnte, wie man das Auto nachtankt. Der ganz praktische Aspekt von Motivation besteht darin, dass sie immer nur von innen kommt. In Wahrheit kann uns niemand anders motivieren. Höchstens könnte jemand – und das wäre selbst für einen sehr fähigen Menschen schon ziemlich gut – eine bereits im Einzelnen oder in der Gruppe vorhandene Motivation anregen und verstärken. Wenn du eine Motivation hast, mehr Geld zu verdienen, dann kann ein geschickter Motivationstrainer darauf aufbauen und dir genügend einheizen, dass du deine Verkaufszahlen noch weiter erhöhst. Wenn du jedoch nicht vom Wunsch nach mehr Geld motiviert bist, dann kann derselbe Motivationstrainer unternehmen, was er möchte, und du wirst dich trotzdem nicht bewegen.
Die wirksamste Motivation, die Berge versetzen, Gesellschaften verändern, oder dich gesünder, reicher, glücklicher und erfolgreicher machen kann, entsteht immer, wenn du sie selber anregst und verstärkst. Je besser du verstehst, was dich wirk-

lich antreibt, desto leichter wird es dir fallen, dich zu motivieren.

Die grundlegendsten Motivationen richten sich darauf, Freude und Genuss zu erleben bzw. Schmerzen oder Leid zu vermeiden. Alles, was du mit Körper, Geist oder Seele tust, sei es bewußt oder aus Gewohnheit, kann als eine Bewegung definiert werden, die entweder zur Freude hinstrebt oder sich von Leid fortbewegt – körperlich, seelisch und geistig.

Entspannung macht Spaß, also sucht dein Körper Ruhe, dein Geist Zerstreuung und dein Spirit vielleicht gelegentliche Abgeschiedenheit. Ein bestimmtes Maß an Spannung kann jedoch auch Spaß machen, also sucht dein Körper physische Aktivitäten, dein Geist entwickelt Interessen und dein Spirit freut sich vielleicht über die Gegenwart anderer.

Es ist interessant festzustellen, dass merkwürdigerweise das Gleiche gilt, wenn du versuchst, dich von Schmerzen oder Leid zu befreien. Dein Körper mag Ruhe suchen, dein Geist Ablenkung und dein Spirit Stille, weil eine übermäßige Spannung herrscht, die durch zu viele Tätigkeiten, Interessenskonflikte und zu viele Menschen verursacht wurden. Leid kann sich jedoch auch aufgrund mangelnder Tätigkeit, eines zerstreuten Bewusstseins und zu großer Einsamkeit einstellen.

Wenn du dieses Wechselspiel zwischen Freude und Leid verstehst, wird es dir helfen zu erkennen, warum du manche Dinge tust und andere lässt.

Nun denkst du unter Umständen, wie es kommen mag, dass du oder andere Menschen, die du kennst, sich manchmal von der Freude weg und zum Leid hinbewegen, und wie das mit dem übereinstimmen kann, was du gerade gelesen hast. Manche Leute bestehen darauf, sich in Fitnesszentren zu quälen, andere bleiben in Misshandlungsbeziehungen, wieder andere sabotieren sich selbst bei jeder Gelegenheit. Wie passt das?

Das bringt uns auf eine andere Ebene der Motivation, zu Motivation, die auf Liebe oder Angst gründet. Da wir Erinnerungsvermögen und Vorstellungskraft besitzen, sind wir nicht auf momentane Erfahrungen von Freude oder Leid beschränkt. Wir verfügen über die Fähigkeit, uns an Freude und Leid zu erinnern, wir können sie voraussehen und erwarten, dass sie in der Zukunft passieren werden.

Die Motivation der Liebe ist demnach der Antrieb, eine schöne Erfahrung aus der Vergangenheit zu wiederholen, oder in der näheren oder weiteren Zukunft eine vorgestellte schöne Erfahrung zu erschaffen. Ich unterscheide dabei selbstverständlich zwischen der schönen Erfahrung von Liebe, die wir in diesem Augenblick genießen, und der Motivationskraft von Liebe, die uns bewegt, uns auf eine bestimmte Weise zu verhalten.

Auf ähnliche Weise treibt uns die Motivation von Angst dazu an, eine schmerzliche Erfahrung zu vermeiden, an die wir uns erinnern oder die wir uns für die nähere oder weitere Zukunft vorstellen. In jeder beliebigen Situation und unter allen Umständen ist es immer der stärkste Antrieb – der Drang oder die Motivation, die das stärkste Gefühl auslösen oder der wir die größte Bedeutung beimessen – der unsere Handlungsweise am Ende festlegt.

Ein Mensch also, der sich ständig wieder im Fitnesszentrum quält, tut es vielleicht, weil er mehr Angst vor einer früheren Erfahrung hat, dick zu sein, an die er sich erinnert, oder weil er einen gesunden, schlanken Körper wirklich schätzt (oder eine Kombination von beidem). Wer in einer Misshandlungsbeziehung bleibt, tut das vielleicht aus größerer Angst davor, einsam zu sein, oder aus Liebe für ein vermeintliches Potenzial im anderen Menschen. Ein Mensch, der sich ständig selbst sabotiert, fürchtet sich womöglich vor Kritik an seinen Leistungen, die es früher gab und an die er sich erinnert; oder er hat Angst vor den Folgen von Erfolg; oder er strebt nach Erfolg sogar deshalb, um einen anderen Menschen zufrieden zu stellen, während er selbst eigentlich viel lieber auf einem Berg meditieren würde.

Furcht und Liebe erzeugen zwei unterschiedliche Reaktionen. Kampf oder Flucht sind, wie du aus der Psychologie vermutlich weißt, beides Angstreaktionen. In jeder Situation, in welcher Angst der Hauptantrieb ist, reagierst du entweder, indem du der Situation zu entkommen suchst, oder du versuchst, sie loszuwerden – je nach Situation und deinem eigenen Gemütszustand. Wenn dich ein Bulle verfolgt, ist es wahrscheinlich am besten, dass du ihm aus dem Weg gehst; wenn du aber Conan der Barbar oder Ringkämpfer bist, kannst du auch stehen bleiben und ihn zusammenschlagen.

Die zwei Liebesreaktionen sind Frieden und Spiel. Wieder am Beispiel des Bullen: wenn Liebe dein Hauptantrieb ist (weil du zum Beispiel ein echter Tierfreund bist), dann wirst du vielleicht versuchen, das Tier zu beruhigen, damit du es dann streicheln kannst; wenn du jedoch Torero bist oder ein antiker griechischer Athlet, dann spielst du vielleicht nur mit dem Bullen, bis ihr beide müde seid.

Gespürte Bedürfnisse

Von Bedürfnissen, die man »nur« spürt (so, wie im Winter die Temperatur als kälter empfunden wird, wenn ein scharfer Wind weht), hörte ich zum ersten Mal etwas, als ich in der Dorfentwicklung in Westafrika gearbeitet habe. Ich machte die Erfahrung, dass sich dieses Bedürfnis sowohl auf beliebige Gruppen als auch auf Einzelne bezieht. Ein erspürtes Bedürfnis ist der besondere bewusste oder halbbewusste Antrieb, der eine Gruppe oder ein Individuum bewegt, eine Handlung zu unternehmen. Es wird »gespürtes Bedürfnis« im Unterschied zu »offensichtlichen Bedürfnissen« genannt.

Ein Beispiel: in einem afrikanischen Dorf gab es offensichtliche, »objektive« Bedürfnisse wie verbesserte sanitäre Verhältnisse, mehr sauberes Wasser, bessere Ernährung und andere mehr, um die sich die örtliche Regierung und die internationalen Hilfsagenturen vergeblich bemüht hatten. Es wurden öffentliche Latrinen installiert, die aber selten benutzt wurden, weil sie keiner wollte. Eine neue Pumpe wurde auf den Brunnen montiert; aber als die Pumpe kaputtging, wurde der Brunnen aber nicht mehr benutzt – weil die Pumpe der Regierung gehörte. Ernährungskurse wurden schlicht ignoriert, weil die neuen Lebensmittel, die dort empfohlen wurden, merkwürdig schmeckten und nicht leicht zu besorgen waren.

Trotz all dieser wenig versprechenden Ereignisse in der Vergangenheit bat ich den Dorfhäuptling, eine Versammlung einzuberufen. Dort fragte ich die Bewohner, ob es irgendetwas gäbe, was *sie* wollten, um ihr Dorfleben zu verbessern. Das führte zu konsternierten Reaktionen, weil sie noch niemals zuvor gefragt worden waren, was sie denn selber gerne hätten. Nach mehreren Stunden angeregter Diskussionen sagten sie mir, dass sie wirklich gern die Hütte des Dorfhäuptlings reparieren wollten. Der jetzige, heruntergekommene Zustand sei eine Schande für das ganze Dorf. Wenn ich ein Regierungsbeamter gewesen wäre, wäre ich vielleicht ärgerlich geworden und hätte sie über ihre vermeintlich viel dringlicheren »objektiven« Bedürfnisse belehrt. Da ich aber keinem verpflichtet war, konnte ich mir in Ruhe ihr gespürtes »subjektives« Bedürfnis anhören, also das, was ihnen am wichtigsten vorkam.

Um die Geschichte abzukürzen: Ich half ihnen, die Hütte des Häuptlings zu reparieren und ließ sie aber ihren Stolz bewahren, indem ich sie die meiste Arbeit machen und das meiste Material bereitstellen ließ. Bei der nächsten Dorfversammlung fanden sie, dass es nun an der Zeit sei, in der Mitte des Dorfes Ordnung zu schaffen, und das taten wir dann gemeinsam auch. Danach bauten wir Familienlatrinen, die leichter zu erreichen waren und Besitzerstolz vermittelten, begannen Gärten zu bepflanzen, deren Erträge gegen Bargeld verkauft werden konnten, kauften eine neue Pumpe mit Hilfe von Finanzbeiträgen aus den Familien, um die Gärten zu bewässern, verbesserten die Ernährung, indem wir Rezepte austauschten. Schließlich gründeten wir sogar eine staatlich anerkannte Sparkasse, indem wir eine überlieferte Form von Ersparnisbildung als Ausgangspunkt nahmen und sie erweiterten, um für Notfälle gerüstet zu sein. Ich konnte den Dorfbewohnern also helfen, all das zu tun, was die Regierung im Sinn gehabt hatte, und mehr, indem ich mit den Menschen auf den Gebieten zusammenarbeitete, wo sie ihre Bedürfnisse gespürt hatten, anstatt sich anhören zu müssen, was andere für sie für richtig hielten. Sie machten also praktisch dieselben Dinge, wie die Regierung sie erwartet hatte – aber aus ganz anderen Beweggründen.

Die persönlich gespürten Bedürfnisse von Individuen können also ganz anders gelagert sein als ihre gesellschaftlich offensichtlichen Bedürfnisse. Wenn man zunächst jedoch die subjektiven Bedürfnisse befriedigt, kann man sich auch den objektiven zuwenden. Während meiner Zeit als Gesundheitsberater stellte ich fest, dass Gesundheit an sich für die meisten Menschen eine bedeutungslose Abstraktion darstellt. Das eignete sich nicht als eine wirksame Motivationskraft, um Gewohnheiten zu verändern. Die Menschen nahmen Gewicht ab, um besser auszusehen oder in bestimmte Kleidungsstücke hineinzupassen; sie hörten auf zu rauchen, damit sie besser rochen und weniger von Freunden und Familienmitgliedern kritisiert wurden; sie interessierten sich für alternative Heilweisen, weil sie Angst vor orthodoxen Methoden der Medizin hatten oder weil eine Krankheit sie bei der Arbeit oder in der Urlaubsfreude störte. Es kann sein, dass es irgendwo jemanden gibt, für den Gesundheit an sich ein subjektives Bedürfnis ist, aber ich bin einer solchen Person noch nie begegnet. Dennoch wurden alle Menschen, die ich beraten konnte, gesünder, sobald erst einmal ihre persönlich gespürten Bedürfnisse gestillt waren.

Da subjektive Bedürfnisse nicht offensichtlich sind, kann es sein, dass wir sie noch nicht einmal erkennen. Je bewusster wir sie wahrnehmen, desto eher können wir sie einsetzen, um unser Verhalten so zu verändern, dass wir Effizienz und Erfolg im Leben enorm vergrößern. Damit du deine eigenen gefühlsmäßig wichtigen Bedürfnisse leichter erkennen kannst, folgt jetzt eine Liste der sieben häufigsten.

Bewusstheit (dazu gehören Wahrnehmung, Neugier, Wissensdurst und das Streben nach Sicherheit). Sogar Kühe sind neugierig; Neugier ist ein Teil unseres animalischen Erbes. Während einer langweiligen Busfahrt zum Bahnhof nahm ein Mann seinen Koffer aus der Ablage hervor, um ihn zu öffnen. Ich stellte fest, dass ich und alle anderen im Bus dem Mann zuschauten, als ob er gerade das Wichtigste in der Welt täte.

Bei vielen Menschen wird daraus gern ein gespürtes Bedürfnis nach Nachrichten, Klatsch, Gerüchten und Umtrieb, einfach um zu sehen, was hinter dem nächsten Hügel liegt. Vielleicht gehörst du zu den Menschen, oder du kennst solche Leute, die ohne Zeitung nicht frühstücken können oder den nächsten Kaffeeklatsch kaum erwarten können, um zu hören, was in der Nachbarschaft so los ist.

Das Streben nach Informationen mag eine praktische Bedeutung für deinen Beruf oder dein Hobby besitzen, aber es könnte auch eine fortgeschrittene Form von Neugier darstellen. Viele Leute, und ich selbst gehöre auch dazu, haben ein subjektives Bedürfnis danach, ihr Wissen über ihr Umfeld zu vermehren, egal, ob das auch praktisch genutzt werden kann oder nicht. Forscher und viele Wissenschaftler haben es, und auch solche, die gern Lexika und Almanache lesen.

Wenn man das von einem anderen Standpunkt aus betrachtet, kann das gespürte Bedürfnis nach Sicherheit Menschen dazu motivieren, ihre Bewusstheit über die Umwelt zu erweitern, um unliebsame Überraschungen zu vermeiden. Es ist durchaus möglich, dass das in eine Manie umschlägt, aber ich kenne zumindest eine Person, die aus diesem Antrieb heraus ein sehr sensibles und aussagekräftiges System der Persönlichkeitsanalyse entwickelt hat, so dass sie im Voraus weiß, wie sie mit Menschen umzugehen hat, denen sie begegnet.

Freiheit (das schließt das Bedürfnis nach Entspannung ein; den Wunsch, frei von Einschränkungen zu sein; das Bestreben, deinem eigenen freien Willen zu folgen, wenn du dich entscheidest oder handelst; der Wunsch, sich zu bewegen und zu erforschen). Das subjektive Bedürfnis, sich zu entspannen, unterscheidet sich deutlich von der objektiven Notwendigkeit dazu. Ich kenne Menschen, die wie vollkommene Vorbilder für entspannte Persönlichkeiten aussehen, und sich doch noch mehr entspannen wollen, und ich kenne Leute, die so gespannt wie eine Violinensaite sind, aber noch nicht einmal bemerken, dass sie angespannt sind. Das gefühlsmäßig wichtige Bedürfnis nach Entspannung kann sich natürlich auf körperliche Einschränkungen beziehen, wie bei Kindern in der Schule oder bei Gefängnisinsassen. Manche Menschen fühlen sich jedoch von ihrer Ehe über Gebühr eingeschränkt, oder von Freundschaftsbeziehungen, den Arbeitsplatzbedingungen oder den gesellschaftlichen Zuständen. Wieder andere fühlen sich geistig eingeschränkt durch soziale oder hierarchische Vorschriften in ihrer Arbeit.

Ein emotionales Bedürfnis nach Selbstbestimmung kann für eine Kolonie oder einen Landesteil zu einer nationalen Frage werden, aus wirtschaftlichen oder politischen Gründen oder auch nur um der Ehre willen; auch ein Individuum kann dieses Bedürfnis spüren.

Der Wunsch, sich zu bewegen und Dinge zu erforschen, kann dem Bedürfnis nach mehr Bewusstheit ähneln, muss es aber nicht. Bei einem meiner Kurse saß eine Frau ruhig dabei, während wir mentale Übungen durchführten und sie anschließend diskutierten, und sagte mir dann »Vielen Dank, es ist ein guter Kurs, aber ich gehe jetzt, weil ich mehr körperliche Bewegung brauche.«

Wie ich von meinen zahlreichen Reisen in verschiedene Gegenden der Welt weiß, gibt es Menschen, die ein starkes Bedürfnis spüren, in der freien Natur, auf offener See oder unter dem weiten Himmel zu sein, ob sie dabei etwas Neues lernen oder nicht.

Sinn (dazu gehört der Wunsch nach Lebensinhalt, nach Leitlinien, sowie nach Selbstrechtfertigung, indem du einer großen guten Sache dienst). Dieses subjektive Bedürfnis ist so weit verbreitet, dass es eine Vielzahl von Witzen und Geschichten über Menschen gibt, die durch die ganze Welt ziehen, um einen weisen alten Lehrer zu finden, der ihnen den Sinn des Lebens erklärt. Medien, Propheten, Psychiater und Therapeuten unterschiedlicher Fachrichtungen verdienen ihren Lebensunterhalt damit, Menschen dabei zu helfen, in den Ereignissen ihres Lebens Sinn und Zweck zu entdecken (obwohl wir ja selbst dem Leben und seinen Geschehnissen erst einen Sinn geben und uns selber unseren Lebensinhalt erschaffen).

Das subjektive Bedürfnis nach Leitlinien beginnt sich zu zeigen, wenn wir als Kinder anfangen zu versuchen, die Regeln herauszufinden, mit deren Hilfe wir mit der Welt klar kommen. Das setzt sich durch das ganze weitere Leben fort, und sei es auch nur, um festzustellen, welche Regeln wir brechen könnten. Dieses spezielle Bedürfnis nach Leitlinien ist so stark, dass Millionen von Leuten jedes Jahr Millionen von Dollars für Kochbücher, Ratgeber, Selbsthilfeliteratur sowie für entsprechende Kurse und Ausbildungen ausgeben.

Und wenn es das emotional erspürte Bedürfnis nicht gäbe, einem größeren Sinn zu dienen, dann wären die Religionen,

Wohltätigkeitsvereine, politischen Parteien und Umweltorganisationen in einer ziemlich schlechten Lage.

Sinneserfahrung (das schließt alle Wünsche ein, angenehme Sinneserfahrungen zu erleben, wie schöne Aussichten zu sehen oder angenehme Musik zu hören, Delikatessen zu essen, Berührungen und Sex, körperliche Aufregung, Sport und Tanz, und so fort). Kunst und Musik würde es nicht geben, wenn Künstler nicht den Drang spürten, etwas kreativ zu gestalten, und wenn das Publikum nicht den Antrieb fühlte, sich Kunst anzusehen und sich daran zu erfreuen. Denke einmal einen Moment darüber nach, welch großer Motivation es bedarf, um Museen und Galerien, Symphonieorchester, Rockkonzerte und die Filmindustrie zu konzipieren, aufzubauen und zu erhalten. Hervorragende Köche können nur dann großartig sein, wenn es auch solche Menschen gibt, die ihre Gerichte genießen wollen, und herausragende Restaurants müssen mehr tun als nur nahrhafte Speisen zu servieren.

Körperliche Berührungen, sich zu umarmen, anzufassen, die Hände zu geben, Wangenküsse zu tauschen ist nicht in allen kulturellen Gruppen ein wichtiges Bedürfnis – auf der italienischen Seite meiner Familie gehört es jedoch dazu. Zur Sinneserfahrung von Berührungen gehören auch Kontaktsportarten, Massage und Tänze, bei denen sich die Partner halten oder berühren.

Sexualität in allen ihren Spielarten ist natürlich für die meisten Menschen die wichtigste Sinneserfahrung; aber wenn sie nicht vorhanden ist, dann ist jede andere Sinneserfahrung besser als gar keine.

Aufregende Erlebnisse werden umso erstrebenswerter, je mehr andere emotionale Ventile entweder geschlossen sind oder das Bedürfnis nach Berührung nur unbefriedigend gestillt wurde. Das erklärt vielleicht auch das anscheinend große Bedürfnis, Horrorfilme zu sehen oder Thrillerromane zu lesen, und die magnetische Anziehungskraft von Feuern, Unglücksfällen und lebensgefährlichen Sportarten.

Es ist keine Frage, dass für die meisten Kinder Bewegung ein subjektives Bedürfnis ist; auch Tanz, sei es freier, klassischer oder Aerobic-Tanz, hat aus diesem Grund zahlreiche Anhänger.

Sich beziehen (der Wunsch, akzeptiert oder anerkannt zu werden, gehört hier mit dazu, das Verlangen nach Freundschaft und Nähe, und das Streben, einem größeren Ganzen anzugehören). Neben Luft und Nahrung ist meiner Meinung nach das grundlegendste emotionale Bedürfnis menschlicher Wesen, angenommen und anerkannt zu werden – von seinesgleichen, von Menschen, die man bewundert oder die hohe Posten innehaben, oder von einem selbst. Die Leute geben eher Sex auf im Tausch für Anerkennung, als dass sie auf Anerkennung verzichten, um stattdessen Sex zu erleben. In vielen Kulturen besteht die schlimmste Bestrafung in Verbannung, Exil, Ächtung oder Einzelhaft. Maler und Bildhauer fühlen sich vielleicht schon dadurch erfüllt, dass sie ihre Kunst erschaffen, Schauspieler und Kabarettisten brauchen jedoch Publikum. Schauspieler fürchten ein leeres Theater, aber noch mehr schlechte Kritiken. Kabarettisten und andere, die im Wechselspiel mit ihrem Publikum stehen, ärgern sich womöglich darüber, dass ein einzelner Besucher nicht reagiert, obwohl sie von allen anderen Anwesenden reichlichen Applaus erhalten. Das war für mich ein Thema, an dem ich selber sehr arbeiten musste, als ich anfing, öffentliche Vorträge zu halten. Ich dachte, dass ich als Redner nicht gut wäre, wenn nicht alle Augen die gesamte Zeit über auf mich gerichtet wären. Schließlich entdeckte ich (zum Glück für mein Ego), dass verschiedene Menschen unterschiedliche Arten des Zuhörens haben. Jetzt fühle ich mich bei Vorträgen auch dann wohl, wenn Menschen woanders hinschauen, ihre Augen schließen oder sich auf den Boden legen und scheinbar schlafen.

Führungspersönlichkeiten in Wirtschaft und Politik wissen, dass Titel und öffentliche Anerkennung oft einen sehr wirksamen Ersatz darstellen für ein höheres Gehalt. Menschen zu ehren ist (besonders in den USA) eines der wichtigsten Gesellschaftsrituale, da ein so weit verbreitetes Bedürfnis danach sowohl unter den Geehrten wie unter den Ehrenden existiert.

Freundschaft ist ein starkes Bedürfnis, das wir fühlen, und viele wunderbare und auch weniger schöne Taten sind in ihrem Namen geschehen. Aufgrund von kulturellen Werten und Gewohnheiten wird das gespürte Bedürfnis nach Nähe in einer Beziehung offensichtlich mehr vom weiblichen Teil der Bevölkerung für wünschenswert gehalten. Die zunehmend populäre Männer-Bewegung zeigt allerdings, dass auch Männer dieses Bedürfnis spüren, es aber sorgsam versteckt halten, um nicht die Anerkennung durch ihresgleichen und die Gesellschaft zu gefährden. Das demonstriert, dass ein Bedürfnis ein anderes unterdrücken kann, je nachdem, welches gerade stärker ist. Manche Menschen wünschen sich eine überpersönliche Beziehung, eine Verbindung mit einem größeren Ganzen. Das kann, je nach Neigung des Einzelnen, das Bedürfnis zur Verbindung mit der Natur, mit der Erde oder mit Gott bzw. der Schöpferkraft sein, wie sie individuell verstanden wird.

Macht (Verlangen nach Stärke, Begabung, Talent, Geschicklichkeit, Einfluss, Geld und Kontrolle gehören auch dazu). Der Drang nach Macht ist in gewisser Hinsicht vollkommen natürlich. Ohne ihn würden wir nie lernen zu gehen oder zu sprechen oder zu handeln, oder so einfache Dinge tun, wie einen Scheck einzureichen oder ein Auto zu fahren, genauso wie komplexere Tätigkeiten ausführen, die zu unserem Beruf zählen. Der Drang nach Macht ist immer in allem, was wir unternehmen, als ein subjektives Bedürfnis präsent.

In manchen Leuten wird dieses Bedürfnis allerdings so

stark, dass es sie weit über die Grenzen des Üblichen hinausträgt. Sie wollen nicht einfach Stühle hochheben, sondern Autos stemmen. Sie wollen nicht nur schauspielern, sondern Regie führen. Es reicht ihnen nicht, Vorstandsvorsitzender einer Firma zu sein, sie wollen Präsident des Landes werden. Und dann gibt es solche, denen es nicht genügt, sich um ihr eigenes Leben zu kümmern, sondern sie wollen auch das Leben anderer Menschen kontrollieren.

Obwohl der Drang nach Macht seine Wurzeln vielleicht in einer Angst hat oder im Bedürfnis, akzeptiert oder anerkannt zu werden, kann es doch auch ein subjektives Bedürfnis nach Macht an sich geben, ein besonderes Gefühl, das Schicksal in der Hand zu haben. Das spürt ein Politiker, das kann ein Spieler fühlen, Künstler, Sportler, spirituelle Lehrer und viele andere. Und da jedes persönlich gespürte Bedürfnis zu einem Zwang werden kann, wenn Angst als versteckter Antrieb dahintersteht, so kann Machtbesessenheit zu einer Kraft werden, die auf viele andere Menschen negativ einwirkt. Weil das schon so oft passiert ist, fürchten sich die meisten Menschen vor dem ganzen „Konzept“ von Macht. Sie vermeiden Macht nicht nur so gut es geht, sondern sie verunglimpfen häufig auch andere, die Macht besitzen, oder sie geben die Verantwortung für ihre persönliche Macht an jemanden anderen ab.

Fast immer, wenn das Thema Macht zur Sprache kommt, gibt es jemanden, der das Bedürfnis spürt, Lord Actons Aphorismus zu zitieren: »Macht korrumpiert, und absolute Macht korrumpiert auch absolut.« Das vertieft die Angst vor Macht, aber der Satz ist Unsinn. Macht an sich korrumpiert keineswegs. Korruption setzt erst ein, wenn Macht mit einer der großen trennenden Kräfte verbunden wird – Angst, Hass oder Gleichgültigkeit. Wenn Macht mit Liebe verbunden ist, gibt es nichts Besseres. Der Engländer Edmund Burke sagte einmal: »Ich kenne nichts Erhabenes, das nicht eine Spielart von Macht ist.«

Geld ist eine Form von Macht, die die meisten Menschen in der modernen Gesellschaft als subjektives Bedürfnis spüren. Geld gibt uns die Macht, die gewünschten Waren und Dienstleistungen zu kaufen und hilft uns, die Welt um uns herum auf mannigfache Weise zu beeinflussen. Obwohl Menschen viele unterschiedliche Gründe kennen für das Bedürfnis nach Geld – wie Sicherheit, Anerkennung, Freiheit und so fort – besteht der Wunsch nach Geld aufgrund der vermeintlichen Macht, andere Bedürfnisse zu stillen. Ein Zitat unbekannter Herkunft bringt das auf den Punkt: »Leute, die sagen, dass man mit Geld kein Glück kaufen kann, wissen nur nicht, wo sie einkaufen sollen.«

Leistung (das schließt die Sehnsucht ein, Ziele zu erreichen, Wettbewerbe zu gewinnen, Rekorde zu brechen, Ungerechtigkeiten zu beseitigen, zu reparieren, was nicht funktioniert, andere zu heilen und Menschen zu helfen, effizienter zu sein). Ich wurde sehr von dem emotionalen Bedürfnis nach persönlicher bzw. stellvertretender Leistung beeindruckt, als ich das Maracana-Stadion in Rio de Janeiro besuchte, das 200.000 Menschen fasst. Und dieses Stadion ist nur ein Symbol für eine Vielzahl ähnlicher, bei Olympischen Spielen oder nationalen Meisterschaften, in denen zum Ausdruck kommt, wie viel Zeit, Energie und Geld in Sportereignisse rund um den Globus fließen. Das erspürte Bedürfnis nach Leistung ist bei den Zuschauern genauso stark oder noch stärker als bei den Aktiven. Das gleiche gilt für die Oskars, Emmys, Bären, Palmen und andere Preise, die viele Leute motivieren und faszinieren.

Viele Menschen folgen persönlichen Leistungszielen, die nicht öffentlich gemacht werden, die sie jedoch genauso intensiv antreiben können. Und trotz vieler Kontroversen haben Organisationen wie die Bürgerrechtsbewegung, Amnesty International und zahlreiche andere bedeutende Beiträge zur Verbesserung der sozialen Lage geleistet: aufgrund von gespürten Bedürfnissen der Einzelnen, die sich dafür einsetzen. Wir dürfen auch den Hunderten oder Tausenden dankbar sein, die im Rahmen ihres beruflichen oder privaten Bereichs den Wunsch haben zu helfen und zu heilen.

Wenn dein spezielles Bedürfnis nicht hier beschrieben ist, hast du vielleicht eine Kategorie gefunden, in welche es hineinpassen könnte. Falls nicht, helfen die Beschreibungen dir hoffentlich, dein eigenes Bedürfnis besser zu definieren.

Zuversicht

Zuversicht ist dieses wunderbare Gefühl der Sicherheit, dass du alle Mittel zur Verfügung hast – Zeit, Energie, Fähigkeit, Stärke, Unterstützung und was du sonst noch brauchst, um das zu tun, was du tun möchtest. Es gibt ein ähnliches Gefühl, wenn du dir sicher bist, dass etwas geschehen wird, was du erhoffst. Zuversicht kann sowohl äußerlich wie innerlich begründet sein. Beide Formen werden Effizienz, Erfolg und Wirksamkeit vermehren, aber die innerliche Zuversicht besitzt das größte Potenzial.

Äußere Zuversicht entsteht, wenn du daran glaubst, dass du dich auf ein beständig gleichartiges Verhalten eines anderen Menschen verlassen kannst oder darauf, dass bestimmte Umstände außerhalb deiner selbst immer gleich bzw. berechenbar bleiben. Diese Art von Zuversicht beruht auf Erinnerungen an die Vergangenheit, auf Erfahrungen in der Gegenwart oder Erwartungen an die Zukunft – und in einem hohen Maß auf deinem Glauben an die Autorität eines anderen. Wir glauben, dass die Jahreszeiten immer wiederkehren, weil das so war, seit wir uns erinnern können. Wir erleben die jetzige Jahreszeit und machen schon Pläne für den Rest des Jahres oder noch darüber hinaus. Außerdem haben unsere Eltern, Lehrer und alle Bücher immer wieder bestätigt, dass Jahreszeiten existieren. Wenn wir uns jedoch entscheiden, den Voraussagen von Weltuntergangspropheten zu glauben, dann können wir das gesamte Wissen und alle Erfahrungen beiseite lassen und voller Zuversicht darauf warten, dass die Erde zugrunde geht.

Das Hauptproblem mit einer Zuversicht, die auf äußeren Fundamenten ruht, besteht darin, dass sie völlig abhängig von Ereignissen, Umständen und Entscheidungen ist, über die wir keinerlei Kontrolle und nur begrenzten Einfluss besitzen.

Innerlich begründete Zuversicht entsteht aus den Entscheidungen, die du über dich selbst triffst. Sie beruht auf deinen Glaubensmustern von deinem Selbstwert, deinem Geschick und deiner Fertigkeit, deiner Fähigkeit, mit Wandel umzugehen, und deiner Kraftquelle. Die beste Art, Zuversicht zu stärken, ist, zwei Entscheidungen zu treffen: erstens entscheide dich, das für wahr und richtig zu halten, was du möchtest; zweitens entscheide dich, die erste Entscheidung nie in Zweifel zu ziehen.

Zuversicht vermehrt die Effizienz auf zwei Weisen. Zunächst vermindert sie die einschränkende Wirkung, die Angst auf deine Fertigkeiten und Fähigkeiten ausübt; außerdem regt sie dich an, offen für gute Gelegenheiten zu sein. An dieser Stelle tauchen üblicherweise einige Fragen auf, und obwohl ich sie schon behandelt habe, möchte ich hier noch mal darauf eingehen.

»Was ist, wenn man übertrieben zuversichtlich ist?« fragen manche Leute. Ich persönlich glaube nicht, dass es so etwas überhaupt gibt. Ich meine, dass das, was manche Menschen übertriebene Zuversicht nennen, in Wahrheit Arroganz ist, mit der Angst kaschiert werden soll. Andere fragen: »Was, wenn man zuviel erwartet und enttäuscht wird?« Nun, Enttäuschung ist ja eine Erfahrung, sich deshalb schlecht zu fühlen, weil etwas nicht so herausgekommen ist, wie man es sich gewünscht hat. Eine mögliche Lösung des Problems wäre eine Erwartungshaltung, dass alles schief geht und angenehm überrascht zu sein, wenn ab und zu etwas Gutes passiert. Das ist jedoch eine ziemlich unglückliche Art des Lebens; sie führt leicht zur Gewohnheit, dass man sogar gute Dinge, wenn sie mal geschehen, schlecht aussehen lässt. Eine andere Lösung ist, sich darin zu üben, keine Erwartungen zu hegen; das führt jedoch meist dazu, keinen Lebenssinn, keine Ziele oder Pläne zu haben – und das ist für einen Landstreicher oder für einen Mystiker vielleicht in Ordnung, aber nicht für dich und mich. Nützlicher für die meisten Menschen wäre es wohl, hohe Erwartungen zu hegen und zu pflegen und dabei zur Kenntnis zu nehmen, dass sich nicht immer alles so ergibt, wie man möchte – und das gehört einfach zu den Fährnissen des Lebens.

Konzentration

Konzentration ist die Kraft, die unsere physische, emotionale und mentale Energie lang genug in eine Richtung bewegt, um eine Wirkung zu erzielen. Je länger die Konzentration dauert, desto stärker die Wirkung. Ohne genügend Konzentration arbeitest du nie lange genug, um eine Arbeit fertigzustellen, oder spielst du nie lange genug, um ein Spiel zu beenden. Du hältst ohne Konzentration eine Sehnsucht nicht lange genug aufrecht, um dich durch harte Zeiten zu retten und denkst nicht lange genug nach, um ein Problem zu lösen oder eine neue Idee zu entwickeln. Was wir Konzentrationsmangel nennen, ist entweder eine Reihe von kurzen Konzentrationsausbrüchen, die sich auf unterschiedliche Dinge richten, oder eine anhaltende Periode der Konzentration, jedoch auf etwas, was entweder wir oder andere nicht für wesentlich halten.

Wenn ich manchmal in mein Büro gehe, werde ich schier erschlagen von den Dingen, die um meine Aufmerksamkeit ringen. Wenn ich nun meine Aufmerksamkeit von einem zum anderen gleiten ließe, würde ich nicht viel erledigen. Eine Technik, die ich anwende, um meine Konzentration zu fördern, ist, alle Papiere auf einen Stoß zu legen und dann jedes Papier einzeln von oben nach unten in die Hand zu nehmen. Als meine Kinder kleiner waren, konnten sie sich wunderbar auf Spiele oder den Fernseher konzentrieren, während ich der Ansicht war, sie sollten ihre Aufmerksamkeit gezielt auf ihre Hausaufgaben richten. Konzentration kann leicht oder schwer sein. Das hängt davon ab, ob sie natürlich oder erzwungen geschieht.

Natürliche Konzentration passiert, wenn du mit etwas beschäftigt bist, das dir Spaß macht und interessant ist, oder das dir wichtig erscheint. Das gilt, solange du dein gegenwärtig gespürtes Bedürfnis damit befriedigst, etwas Bestimmtes zu tun, zu haben oder zu sein. Wenn du Sport magst, fällt es dir leicht, bei einem Spiel mitzumachen oder dabei zuzuschauen. Wenn dein Hobby Pferdezucht ist, dann ist es leicht für dich, Bücher darüber zu lesen oder einem Vortrag über Pferdepflege zuzuhören.

Erzwungene Konzentration ist das, was du aufbringen musst, wenn etwas weder Spaß macht, noch interessant ist oder wichtig, und du es trotzdem tun musst. Viele Kinder stecken Hausaufgaben in diese Rubrik, und viele Erwachsene machen dasselbe mit ihrer Steuererklärung. Da jedoch keine Handlung je ohne irgendeine Motivation unternommen wird, muss hinter der erzwungenen Konzentration eine Form von Erwartungshaltung stehen: entweder eine Belohnung dafür zu bekommen oder eine Bestrafung damit zu vermeiden, damit sie effektiv und wirksam ist. Belohnungen, als Versprechen von Freude, Nutzen oder Befriedigung subjektiver Bedürfnisse, führt immer zu besseren Ergebnissen als die Angst vor Bestrafung. Das verhält sich so, weil Menschen nur das Mindeste unternehmen, um Strafe zu vermeiden oder zu minimieren, aber das Meiste, um Belohnungen zu maximieren. Wenn du etwas tun musst, um so eine Strafe zu vermeiden, ist es nicht sehr wahrscheinlich, dass du dein Bestes gibst und die größten Anstrengungen unternimmst.

Nehmen wir an, du bist ein Teenager und dir wird aufgetragen, dein Zimmer aufzuräumen, weil du sonst kein Taschengeld bekommst. Es würde mich nicht sehr wundern, wenn dein ganzer Einsatz darin bestünde, dass du eine große Decke über dein Bett ziehst und sie ein bisschen glatt streichst, damit das Bett wie gemacht aussieht, deine Kleidungsstücke auf einen Haufen sammelst und sonstige herumliegende Gegenstände in den Schrank wirfst. Wenn du aber hörst, dass du dein Zimmer aufräumen sollst, weil die Nachbarn vorbeischauen und sich das Haus ansehen wollen, und sie ihren allseits angehimmelten Teenager des anderen Geschlechts mit bringen, würde es mich nicht überraschen, wenn du Staub saugst, alles zusammenlegst, polierst, wischst und ordentlich richtest, bis dein Zimmer aussieht, als ob es für die Zeitschrift *Schöner wohnen* fotografiert werden sollte.

Die beste Methode, um Konzentration zu verbessern, besteht also darin, das, worauf du dich konzentrierst, angenehmer, interessanter oder wichtiger zu machen, oder eine Belohnung für ein emotionales Bedürfnis damit anzustreben.

Widerstand

Jede Veränderung produziert auch Widerstand dagegen. Das Gesetz der Trägheit – ein ruhendes Objekt neigt zum Widerstand dagegen, bewegt zu werden, und ein Objekt, das sich in Bewegung befindet, tendiert dazu, sich zu widersetzen, wenn es angehalten oder wenn seine Bewegungsrichtung geändert werden soll – scheint nicht nur auf dem Gebiet der klassischen Physik zu gelten, sondern genauso auch im Bereich des physischen, emotionalen und mentalen Verhaltens.

Um es anders auszudrücken: bereits bestehende Gewohnheiten neigen dazu, sich selbst zu erhalten. Das ist großartig und besonders nützlich, soweit diese Gewohnheiten selbst nützlich sind. Es ist gut, dass Herz und Lunge die Gewohnheit aufrecht erhalten, zu schlagen und zu atmen, und dass unsere Gewohnheiten in Sprache und anderen Fähigkeiten von Tag zu Tag weiter bestehen. Wenn der Herzschlag aber zu schnell wird, die Atmung zu flach, die Sprache unkontrolliert und unsere Talente nicht mehr genügen, dann ist es wichtig, etwas daran zu ändern, auch wenn die Änderung nicht leicht fallen mag. Wenn wir indes einen Weg finden, den Widerstand dagegen zu vermindern, dann wird der angestrebte Wandel, der die Form einer Bewegung auf mehr Effizienz annimmt, deutlich leichter fallen.

Es gibt in unserem Leben vier Hauptfaktoren, die unser Glück mindern, indem sie Widerstand gegen verstärkte Motivation, verbesserte Konzentration und vertiefte Zuversicht aufbauen. Diese Faktoren sind Angst, Traurigkeit, Zweifel und Stress. Sie wirken allein oder kombiniert.

Angst (einschließlich Sorgen, Befürchtungen, Panikattacken und großem Schrecken) reduziert unsere Motivation, indem sie unsere Energien gegen etwas richtet, anstatt auf etwas zu. Sie verengt unsere Bewusstheit, schränkt unsere Freiheit ein, lässt uns zögern, unseren Sinn zu erfüllen, erdrückt Beziehungen, zieht Macht ab und blockiert Leistungen. Dazu kommt noch, dass Angst unsere Konzentration vermindert, indem sie Aufmerksamkeit zerstreut, und dass sie Zuversicht schwächt, indem sie negative Erwartungen erzeugt.

Angst – nicht die natürliche Form von Vorsicht ist hier gemeint, die uns vor unmittelbaren Gefahren warnt, sondern die unnatürliche Form, die auf Erinnerungen und Vorstellungen beruht – ist etwas, was wir wirklich nicht brauchen können. Das Gegenmittel ist Hoffnung, einfach die gute, altmodische positive Erwartungshaltung. Eine Reihe von Leuten haben das Prinzip Hoffnung in den letzten Jahren heruntergemacht und es utopisch und leichtgläubig genannt, etwas für Seelen mit schwachem Verstand. Hoffnung ist jedoch die Gefährtin der bedeutendsten Männer und Frauen der Welt gewesen, und niemand hat jemals etwas Bedeutendes ohne sie erreicht. Denn trotz aller Gefahren und Illusionen, die sie fördern mag, birgt sie einen sehr praktischen Nutzen, den niemand bündiger als Samuel Johnson beschrieben hat: »Wo keine Hoffnung ist, ist keine Anstrengung.«

Wie Angst auf Erinnerung und Phantasie beruht, gründet auch Hoffnung auf dem, was wir früher einmal erlebt haben bzw. dem, was wir uns für die Zukunft vorstellen. Bei Angst suchen wir aus dem Speicher der Erinnerung Leid und Versagen, und projizieren diese in unsere Zukunft. Bei Hoffnung treffen wir auch eine Auswahl, aber genau entgegengesetzt. Es ist sinnvoll, sich klar zu machen, dass alle Gedanken, die wir uns über die Zukunft machen, solange Phantasien sind, bis sie zur Gegenwart geworden sind, mit oder ohne unser Dazutun. Konkret bedeutet das: solange deine Erwartungen für die Zukunft ohnehin nicht mehr als Phantasien sind, warum solltest du dann nicht gute Phantasien haben?

Traurigkeit (dazu gehören Ärger, Ablehnung, Schuld, sich unglücklich fühlen, Sorgen und Kummer) ist die schlimmste Plage der modernen Welt. Für sich genommen führt Traurigkeit wahrscheinlich zu mehr Krankheiten als irgendein anderer Einzelfaktor. Gesellschaftlich betrachtet zerstört sie Menschen, Gemeinschaften und Nationen. Wenn sie mit Angst verbunden ist, verursacht sie in jedem Bereich des Lebens das übelste Chaos.

Bei Seminaren fragen mich Teilnehmer oft über den Nutzen von »Unglücklichsein«, da doch sogar unglückliche Gewohnheiten irgendeinen Nutzen besitzen müssen, um ihre

Existenz fortführen zu können. Sicher kann Wut dich motivieren, aus der Apathie herauszukommen und dir helfen, Angst zu überwinden. Ablehnung kann dir zwar ein fälschliches, aber befriedigendes Gefühl von Macht oder Kontrolle vermitteln, die du über einen anderen Menschen zu haben meinst. Traurigkeit besitzt manchmal eine seltsam angenehme, bittersüße Qualität. Sich Sorgen kann dazu führen, sich voller Mitgefühl um jemanden zu kümmern. Und Kummer mag eine Art und Weise darstellen, eine geliebte oder bewunderte Person zu ehren, die verstorben ist. Ich habe kein Problem damit zu akzeptieren, dass »Unglücklichsein« kurzfristig positive Wirkungen hervorrufen könnte. Aber ausgedehnte Traurigkeit, ein lang anhaltendes Gefühl, unglücklich zu sein, wirkt immer gegen die besten Interessen des Individuums und der Gesellschaft, weil sie ihrem Wesen nach eine Negation von Glück darstellt. Unbeherrschte Wut führt zu zerstörerischer Gewalt, uneingeschränkte Ablehnung führt zu Krankheit bzw. zu Racheaktionen, grenzenlose Schuldgefühle führen zu Krankheit und Selbstzerstörung, ungehemmte Traurigkeit führt zu Apathie, Sorgen zu Verzweiflung und Kummer zu Ohnmachtsgefühlen.

Du glaubst vielleicht, dass das Gegenmittel Glück wäre – das ist allerdings für die meisten Menschen ein zu großer Sprung. Das beste Gegenmittel ist tatsächlich Vergebung!

Zweifel (negative Wertungen, Kritik und Skepsis zählen dazu) wird manchmal als unser bester Freund und gleichzeitig schlimmster Feind bezeichnet. Zweifel ist unser bester Freund, wenn er uns dazu bringt, bei unseren Handlungen Vorsicht walten zu lassen, unsere Vorhaben zu analysieren und äußere Autorität in Frage zu stellen. Unser schlimmster Feind ist er dann, wenn er unser Bewusstsein einschränkt, uns bewegt, alles Positive auch negativ zu betrachten und die Gewohnheit entwickelt, ständig die innere Autorität zu bezweifeln.

Es gibt die Geschichte, dass eines Tages der Teufel einem Gast ein Museum zeigte, das sich in den Tiefen seiner Höllendomäne befand. Sie gingen an einer bemerkenswerten Ausstellung der besten Waffen des Großen Versuchers in seinem Feldzug gegen das Gute entlang, wie Habgier, Geiz, Eifersucht, Hass und vielen anderen. Dann sah der Besucher einen kleinen Schaukasten, der für sich allein stand, und in dem nichts als ein alter, abgenutzter Keil zu sehen war. Als er danach fragte, lachte der Teufel und sagte, »Ah, das! Das ist meine beste Waffe von allen, denn auf die kann ich zählen, wenn alles andere versagt. Das ist der Zweifel.«

Der Zweifel ist der wahre Zerstörer von Effizienz, Wirksamkeit und Erfolg, wenn er zu einer Gewohnheit wird, wenn alles negativ beurteilt wird und die positiven Seiten keinerlei Bekräftigung erfahren. In der Form von Kritik kann er Motivation schneller als alles andere in sich zusammensinken lassen. Eines der unglücklichsten Missverständnisse unserer modernen Welt ist die schreckliche Meinung, dass Kritik Menschen besser macht. Das führt dazu, das sowohl Kindern wie Erwachsenen laufend gesagt wird, was an ihrem Verhalten, ihrem Aussehen, ihren Gedanken und so fort angeblich falsch sei. Warum kann Hans nicht lesen? Vermutlich, weil er so oft dafür kritisiert worden ist, dass er angeblich zu langsam lesen und dabei zu viele Fehler machen würde, so dass er aufgegeben hat zu versuchen, lesen zu lernen. Warum hat Hanna ein geringes Selbstwertgefühl? Sehr wahrscheinlich, weil Mutter, Vater, Geschwister, Lehrer, Arbeitgeber und Freunde alle versucht haben, ihr »zu helfen«, indem sie ihr gesagt haben, was an ihr alles falsch sei.

Die Theorie hinter der Übung, Fehler oder ein Verhalten hervorzuheben, das nicht den Regeln entspricht, besteht darin zu glauben, dass ein Mensch sich von selber ändern wird, sobald er hört, was nicht richtig sei. In der Alltagspraxis funktioniert das nicht, weil das »richtige Verhalten« selten anerkannt und gelobt wird. Wenn jemand kein sehr machtvolles inneres subjektives Bedürfnis besitzt, etwas zu erreichen, dann wird konstante Kritik ohne irgendwelche emotionalen Belohnungen seine Motivation einfach verdampfen. Und wenn jemand unter schwerem Kritikbeschuss etwas Wertvolles leistet, dann geschieht dies trotz dieser Kritik, nicht wegen ihr. Zweifel in Form von Kritik zerbricht auch die Konzentration und macht Lernen schwieriger, weil die Person mehr daran denkt, keine Fehler zu machen, als die entsprechende Fertigkeit zu entwickeln.

Eine meiner Kursteilnehmerinnen in Kauai lernte gerade Tennisspielen. Eine Weile lang ließ sie es sich gefallen, dass der Trainer sich nur auf ihre Fehler konzentrierte, aber dann forderte sie ihn direkt auf, sie doch für das zu loben, was sie richtig machte – so wie sie es im Kurs gelernt hatte. Der überraschte Trainer tat das anfangs etwas unsicher, als sich jedoch ihr Tennisspiel sichtbar verbesserte, ließ er fast alle Kritik beiseite und bestärkte sie immer in ihren Fortschritten. Das führte dazu, dass sie schneller lernte als irgendein anderer, dem er bisher Tennis beigebracht hatte.

Zuversicht wird natürlich durch Zweifel ebenfalls zerstreut, besonders durch Selbstzweifel. Als Arnold Schwarzenegger sich um den Titel des Mister Universum bewarb, sagte er etwas in der Richtung, dass er während seiner Vorbereitungen keinem einzigen Zweifel erlaubte, in seinen Kopf einzudringen, weil selbst der kleinste Zweifel ihn dazu bringen könnte, seinen Fokus zu verlieren.

Wie alles andere, hat auch Zweifel seine positiven Seiten. Es ist gut, die Unterscheidungskraft zu besitzen, beurteilen zu können, ob etwas gut und sinnvoll ist oder nicht. Kritische Analyse, die eine hoch entwickelte Fähigkeit darstellt, ist ein sehr nützliches Werkzeug, um effizienter und erfolgreicher zu werden, vor allem, wenn sie mit positivem Feedback verbunden wird. Aber das meiste, was heute als kritische Analyse bezeichnet wird, ist nicht mehr als negative Bekräftigung. Gesunde Skepsis ist in einer Welt nötig, wo Schwindler jeder vorstellbaren Art auf praktisch jedem Gebiet menschlicher Bemühungen ihr Unwesen treiben. Skepsis jedoch, die sich weigert, irgendein positives Potenzial in Betracht zu ziehen, ist keineswegs gesund.

Stress (dazu gehört jede Form von Anspannung oder Spannung, die von physischem, emotionalem und mentalem Stress verursacht wird) ist uns inzwischen weithin bekannt, aufgrund von Studien, die Stress im Bereich von Gesundheit, sozialem Verhalten und Lernproblemen untersucht haben. Dabei geht es um extremen oder übermäßigen Stress, denn der einzige völlig stressfreie Zustand ist der Tod. Wir brauchen Stress, um zu leben und uns zu entwickeln, aber zuviel davon behindert Leben und Entwicklung.

Exzessiver Stress führt zu übermäßiger Spannung; er entsteht aus übermäßigem Widerstand gegen Menschen, Ereignisse und Umstände.

Der Feedback-Faktor

Natürlich gibt es ein ständiges Wechselspiel und Feedback zwischen allen Elementen der Meisterformel für den Erfolg. Ich habe schon das Feedback zwischen der linken und rechten Seite der Formel erwähnt, nämlich dass Effizienz und Erfolg vermehrt und verstärkt werden, wenn Motivation, Zuversicht und Konzentration zunehmen und die Widerstände geringer werden.

Es trifft jedoch auch zu, dass Motivation, Zuversicht und Konzentration sich verbessern und der Widerstand geringer wird, wenn unsere Wirksamkeit zunimmt. Zu gewinnen verstärkt die Faktoren, die Gewinnen begünstigen bzw. möglich machen, während Widerstände dagegen eben durch das Gewinnen abgebaut werden. Wenn wir deshalb alle unsere Gewinne, Siege oder Erfolge, groß oder klein, anerkennen und als wertvoll einschätzen, fördern wir unsere Fähigkeit, noch häufiger zu gewinnen.

Dazu kommt: immer, wenn wir unsere Motivation verstärken, vermehren wir unsere Zuversicht und Konzentration; wenn wir unsere Zuversicht aufbauen, werden Konzentration und Motivation größer; und wenn wir unsere Konzentrationsfähigkeit verbessern, werden auch Motivation und Zuversicht zunehmen. Und währenddessen werden alle Steine auf dem Weg und Knüppel zwischen den Beinen in Form von Angst, Traurigkeit, Zweifel und Stress immer kleiner und schwächer.

Ich möchte mit dem Zitat eines Mannes schließen, der sein ganzes Leben vom Aloha-Spirit erfüllt gelebt hat. Obwohl er nicht aus Hawaii stammt, liebte er die Inseln und kam oft zu Besuch.

Ich war immer am richtigen Platz zur richtigen Zeit.
Natürlich habe ich mich selbst dorthin gesteuert.

Bob Hope

ÜBER DEN AUTOR

Serge Kahili King hat einen Doktorgrad in Psychologie von der California Coast University, einen Magistergrad in Internationalem Management von der American Graduate School of International Management in Arizona und ein Bakkalaureat in Asienstudien von der University of Colorado.

Er lebt auf der Insel Kauai in Hawaii und ist geschäftsführender Direktor von *Aloha International*, einem weltweiten Netz von Heilern, Lehrern und Schülern der Huna-Lehre.

KONTAKTADRESSEN

Aloha International, P. O. Box 665,
Kilauea, HI 96754 U.S.A
huna@huna.org
www.huna.org

Deutschland:
Spirit of Aloha – Dominik Chudzinsky & Petra Sittel
Tel. und Fax: 0 81 77 - 87 60
info@spirit-of-aloha.de
www.spirit-of-aloha.de

Von
Serge Kahili King
sind bei Lüchow erschienen

BÜCHER

Der Stadt-Schamane
Ein Handbuch zur Transformation durch Huna, das Urwissen der hawaiianischen Schamanen

Die Dynamid-Technik
Vier einfache Schritte zur Heilung

Healing Relationships
Durch Huna im Einklang mit sich und der Umwelt

Instant Healing Jetzt!
Ganzheitliche Methoden, um sich schnell von Schmerz und Leid zu befreien

Huna
Der hawaiianische Weg zu einem erfüllten Leben

Kahuna Healing
Die Heilkunst der Hawaiianer,

Weisheiten aus Hawaii
HUNA – die praktische Lebensphilosophie

CDs

Der Stadt-Schamane
Ein Handbuch zur Transformation durch Huna, das Urwissen der hawaiianischen Schamanen

Der schamanische Weg nach Innen
Meditationen aus Hawaii

Healing Relationships
Durch Huna im Einklang mit sich und der Umwelt

KARTENSET

Aloha Spirit
Weisheiten aus Hawai auf 62 Karten